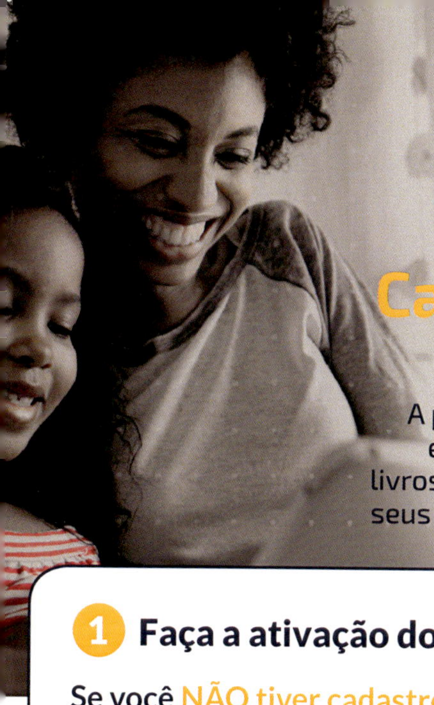

Caro aluno, seja bem-vindo à sua plataforma do conhecimento!

A partir de agora, você tem à sua disposição uma plataforma que reúne, em um só lugar, recursos educacionais digitais que complementam os livros impressos e são desenvolvidos especialmente para auxiliar você em seus estudos. Veja como é fácil e rápido acessar os recursos deste projeto.

1 Faça a ativação dos códigos dos seus livros.

Se você NÃO tiver cadastro na plataforma:

- Para acessar os recursos digitais, você precisa estar cadastrado na plataforma educamos.sm. Em seu computador, acesse o endereço <br.educamos.sm>.
- No canto superior direito, clique em "**Primeiro acesso? Clique aqui**". Para iniciar o cadastro, insira o código indicado abaixo.
- Depois de incluir todos os códigos, clique em "**Registrar-se**" e, em seguida, preencha o formulário para concluir esta etapa.

Se você JÁ fez cadastro na plataforma:

- Em seu computador, acesse a plataforma e faça o *login* no canto superior direito.
- Em seguida, você visualizará os livros que já estão ativados em seu perfil. Clique no botão "**Adicionar livro**" e insira o código abaixo.

Este é o seu código de ativação! → **DL36W-PPDBR-A9PMP**

2 Acesse os recursos.

Usando um computador

Acesse o endereço <br.educamos.sm> e faça o *login* no canto superior direito. Nessa página, você visualizará todos os seus livros cadastrados. Para acessar o livro desejado, basta clicar na sua capa.

Usando um dispositivo móvel

Instale o aplicativo **educamos.sm**, que está disponível gratuitamente na loja de aplicativos do dispositivo. Utilize o mesmo *login* e a mesma senha da plataforma para acessar o aplicativo.

Importante! Não se esqueça de sempre cadastrar seus livros da SM em seu perfil. Assim, você garante a visualização dos seus conteúdos, seja no computador, seja no dispositivo móvel. Em caso de dúvida, entre em contato com nosso canal de atendimento pelo **telefone 0800 72 54876** ou pelo **e-mail** atendimento@grupo-sm.com.

314481 - 0521

Vamos Aprender 1

LÍNGUA PORTUGUESA

ANOS INICIAIS DO ENSINO FUNDAMENTAL

Daniela Passos

Licenciada em Letras pela Universidade Estadual de Londrina (UEL-PR).
Mestra em Estudos da Linguagem pela UEL-PR.
Realiza trabalhos de assessoria pedagógica no desenvolvimento de materiais didáticos para o Ensino Fundamental.
Autora de livros didáticos para o Ensino Fundamental.

São Paulo, 2ª edição, 2020

Vamos aprender Língua Portuguesa 1
© SM Educação
Todos os direitos reservados

Direção editorial: M. Esther Nejm
Gerência editorial: Cláudia Carvalho Neves
Gerência de *design* e produção: André Monteiro
Coordenação de *design*: Gilciane Munhoz
Coordenação de arte: Melissa Steiner Rocha Antunes
Coordenação de iconografia: Josiane Laurentino
Assistência administrativa editorial: Fernanda Fortunato

Produção editorial: Scriba Soluções Editoriais
Supervisão de produção: Priscilla Cornelsen Rosa
Edição: Raquel Teixeira Otsuka, Marcos Rogério Morelli, Guilherme dos Santos Roberto, Denise de Andrade
Revisão: Liliane Fernanda Pedroso, Luciane Gomide
Edição de arte: Mary Vioto, Barbara Sarzi, Janaina Oliveira
Pesquisa iconográfica: André Silva Rodrigues
Projeto gráfico: Marcela Pialarissi, Rogério C. Rocha

Capa: Gilciane Munhoz
Ilustração de capa: Brenda Bossato
Pré-impressão: Américo Jesus
Fabricação: Alexander Maeda
Impressão: Meta Brasil

Dados Internacionais de Catalogação na Publicação (CIP)
(Câmara Brasileira do Livro, SP, Brasil)

Marinho, Daniela Oliveira Passos
 Vamos aprender língua portuguesa, 1º ano : ensino fundamental / Daniela Oliveira Passos Marinho. – 2. ed. – São Paulo : Edições SM, 2020.

 Suplementado pelo manual do professor.
 Bibliografia.
 ISBN 978-85-418-2645-7 (aluno)
 ISBN 978-85-418-2650-1 (professor)

 1. Português (Ensino fundamental) I. Título.

19-31406   CDD-372.6

Índices para catálogo sistemático:

1. Português : Ensino fundamental 372.6

Iolanda Rodrigues Biode – Bibliotecária – CRB-8/10014

2ª edição, 2020

3ª impressão, dezembro 2023

SM Educação
Rua Tenente Lycurgo Lopes da Cruz, 55
Água Branca 05036-120 São Paulo SP Brasil
Tel. 11 2111-7400
atendimento@grupo-sm.com
www.grupo-sm.com/br

CARO ALUNO, CARA ALUNA,

VOCÊ COMEÇOU A APRENDER E A FAZER DESCOBERTAS ANTES MESMO DE ENTRAR NA ESCOLA. ESTE LIVRO FOI CRIADO PARA DEMONSTRAR O QUANTO VOCÊ JÁ SABE E O QUANTO AINDA PODE APRENDER. ELE TAMBÉM VAI AJUDAR VOCÊ A CONHECER MAIS SOBRE SI E A ENTENDER MELHOR O MUNDO EM QUE VIVEMOS.

VAMOS CONHECÊ-LO!

ABERTURA

NO INÍCIO DE CADA UNIDADE, VOCÊ VAI ENCONTRAR UMA IMAGEM E O **PONTO DE PARTIDA**, COM QUESTÕES PARA QUE CONVERSE COM OS COLEGAS SOBRE O ASSUNTO DA UNIDADE.

LENDO...

AQUI VOCÊ E SEUS COLEGAS VÃO LER DIFERENTES TEXTOS.

ESTUDANDO O TEXTO

APÓS A LEITURA, VOCÊ VAI FAZER ATIVIDADES QUE AUXILIAM NA INTERPRETAÇÃO DO TEXTO LIDO.

TROCANDO IDEIAS

OPORTUNIDADE PARA QUE VOCÊ E OS COLEGAS TROQUEM IDEIAS SOBRE O TEXTO LIDO OU SOBRE O CONTEÚDO ESTUDADO.

DICA

BOXE QUE APRESENTA DICAS SOBRE ALGUNS CONTEÚDOS OU ATIVIDADES.

LENDO COM EXPRESSIVIDADE

MOMENTO PARA VOCÊ E OS COLEGAS LEREM ALGUNS TEXTOS DE FORMA EXPRESSIVA.

LÁ VEM...

NESSES MOMENTOS, O PROFESSOR VAI LER UM TEXTO OU REPRODUZIR UMA CANÇÃO PARA QUE VOCÊ E SEUS COLEGAS OUÇAM.

COMPARANDO TEXTOS

MOMENTO PARA VOCÊ E OS COLEGAS COMPARAREM TEXTOS LIDOS NA UNIDADE.

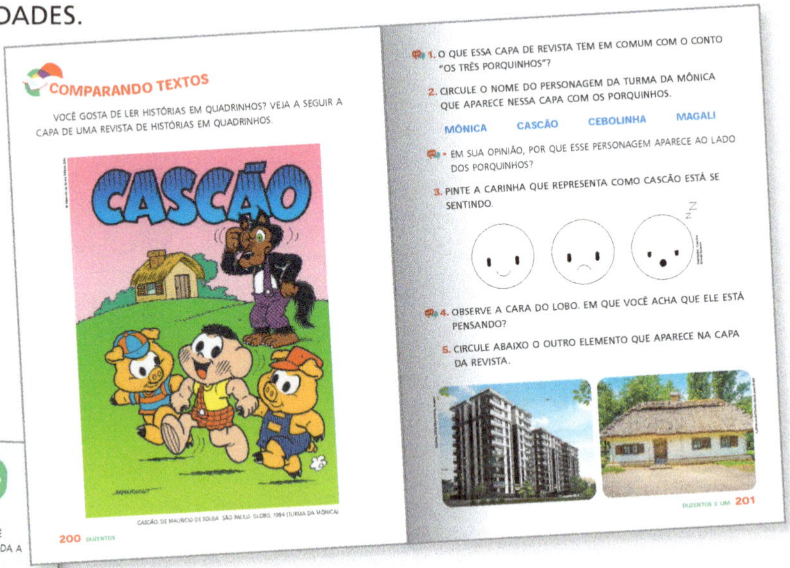

POR DENTRO DO TEMA

VOCÊ E OS COLEGAS PODERÃO REFLETIR E CONVERSAR SOBRE TEMAS IMPORTANTES PARA NOSSA SOCIEDADE, COMO SAÚDE, MEIO AMBIENTE E DIREITOS HUMANOS.

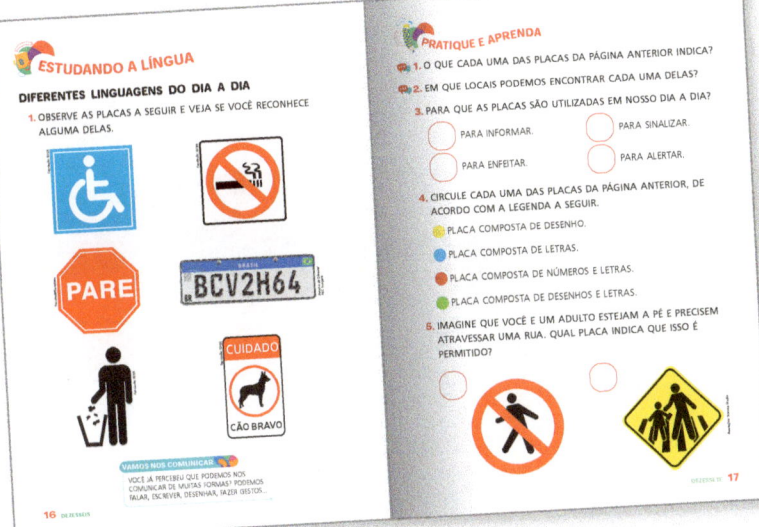

ESTUDANDO A LÍNGUA

AQUI VOCÊ VAI APRENDER OU REVISAR ALGUNS CONTEÚDOS RELACIONADOS À NOSSA LÍNGUA.

PRATIQUE E APRENDA

PARA COLOCAR EM PRÁTICA O QUE APRENDEU POR MEIO DE ATIVIDADES.

COMO SE ESCREVE?

PARA APRENDER COMO ESCREVER AS PALAVRAS DE ACORDO COM AS REGRAS ORTOGRÁFICAS DA NOSSA LÍNGUA.

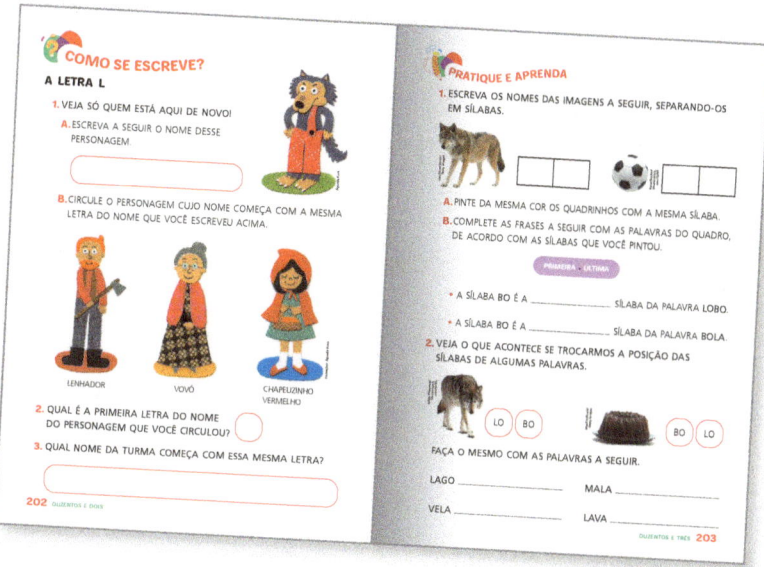

DIVIRTA-SE E APRENDA

AQUI VOCÊ ENCONTRARÁ BRINCADEIRAS, ATIVIDADES E JOGOS RELACIONADOS AOS CONTEÚDOS DA UNIDADE.

APRENDA MAIS!

VEJA SUGESTÕES DE LIVROS, FILMES, *SITES*, VÍDEOS E MÚSICAS.

PRODUÇÃO ESCRITA

VOCÊ VAI PRODUZIR UM TEXTO ESCRITO PARA COLOCAR EM PRÁTICA O QUE ESTÁ APRENDENDO.

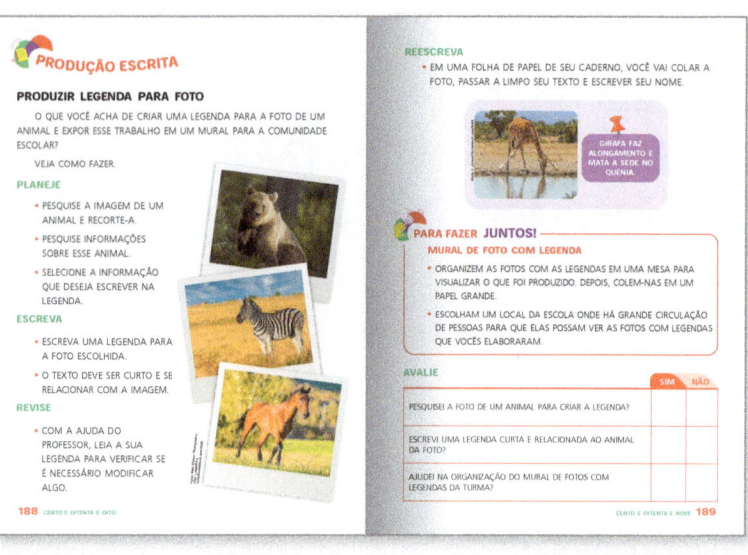

PARA FAZER JUNTOS!

OPORTUNIDADE PARA QUE VOCÊ E OS COLEGAS TRABALHEM JUNTOS EM ALGUMA ATIVIDADE.

PRODUÇÃO ORAL

VOCÊ VAI PRATICAR A ORALIDADE POR MEIO DE ATIVIDADES, COMO DEBATES, SEMINÁRIOS E ENTREVISTAS.

PRODUÇÃO ORAL E ESCRITA

AQUI VOCÊ VAI PRODUZIR TEXTOS ESCRITOS E ORAIS.

QUE CURIOSO!

INFORMAÇÕES CURIOSAS RELACIONADAS AO CONTEÚDO ESTUDADO VOCÊ ENCONTRA AQUI.

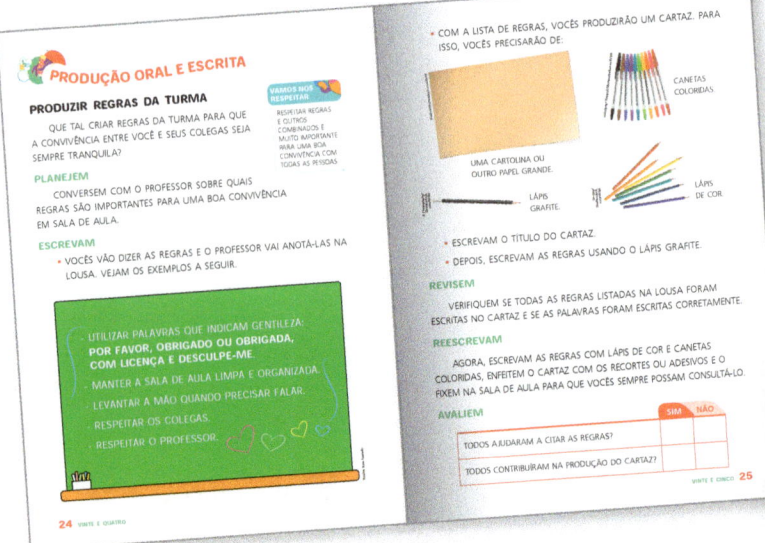

FAZENDO E ACONTECENDO

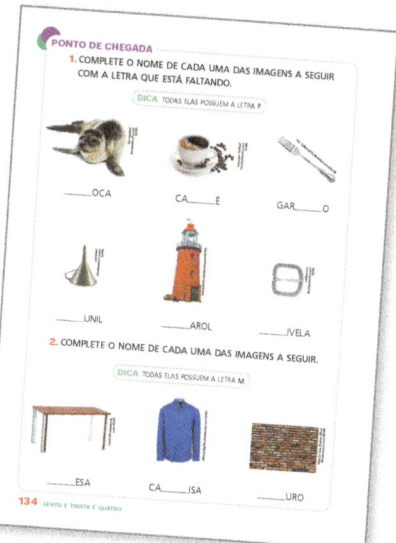

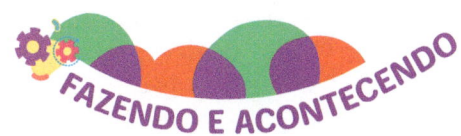

AO FINAL DE CADA VOLUME, VOCÊ E OS COLEGAS COLOCARÃO EM PRÁTICA O QUE APRENDERAM E FARÃO ATIVIDADES PRÁTICAS, COMO A PRODUÇÃO DE UM JORNAL TELEVISIVO E A ORGANIZAÇÃO DE UM SARAU.

FAZENDO E ACONTECENDO

TÚNEL DO TEMPO DOS BRINQUEDOS E DAS BRINCADEIRAS

DE QUE AS CRIANÇAS DE ANTIGAMENTE BRINCAVAM? SERÁ QUE OS BRINQUEDOS DELAS ERAM OS MESMOS QUE VOCÊ E SEUS COLEGAS CONHECEM HOJE?

VEJA ALGUNS A SEGUIR.

TRENZINHO DE MADEIRA

VIDEOGAME

BILBOQUÊ

BOLINHAS DE GUDE

PETECA

MOLA MALUCA

O QUE VOCÊ ACHA DE CONHECER MAIS SOBRE ESSES BRINQUEDOS E BRINCADEIRAS E COMPARTILHAR AS INFORMAÇÕES COM A COMUNIDADE ESCOLAR E SEUS FAMILIARES?

VAMOS SABER COMO FAZER? VEJA AS SEGUINTES ETAPAS QUE DEVERÃO SER DESENVOLVIDAS.

DUZENTOS E DEZESSETE 217

PONTO DE CHEGADA

VAI AJUDAR VOCÊ A REVISAR OS CONTEÚDOS ESTUDADOS NA UNIDADE.

PONTO DE CHEGADA

1. COMPLETE O NOME DE CADA UMA DAS IMAGENS A SEGUIR COM A LETRA QUE ESTÁ FALTANDO.

DICA TODAS ELAS POSSUEM A LETRA F.

___OCA CA___É GAR___O

___UNIL ___AROL ___IVELA

2. COMPLETE O NOME DE CADA UMA DAS IMAGENS A SEGUIR.

DICA TODAS ELAS POSSUEM A LETRA M.

___ESA CA___ISA ___URO

134 CENTO E TRINTA E QUATRO

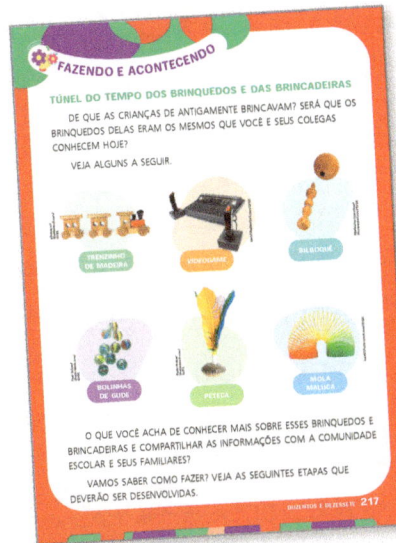

VAMOS...

AQUI VOCÊ VAI VER DICAS, COMENTÁRIOS E REFLEXÕES QUE CONTRIBUEM PARA O SEU DESENVOLVIMENTO E PARA SUA RELAÇÃO COM OS OUTROS E COM O MUNDO. VEJA ALGUNS EXEMPLOS.

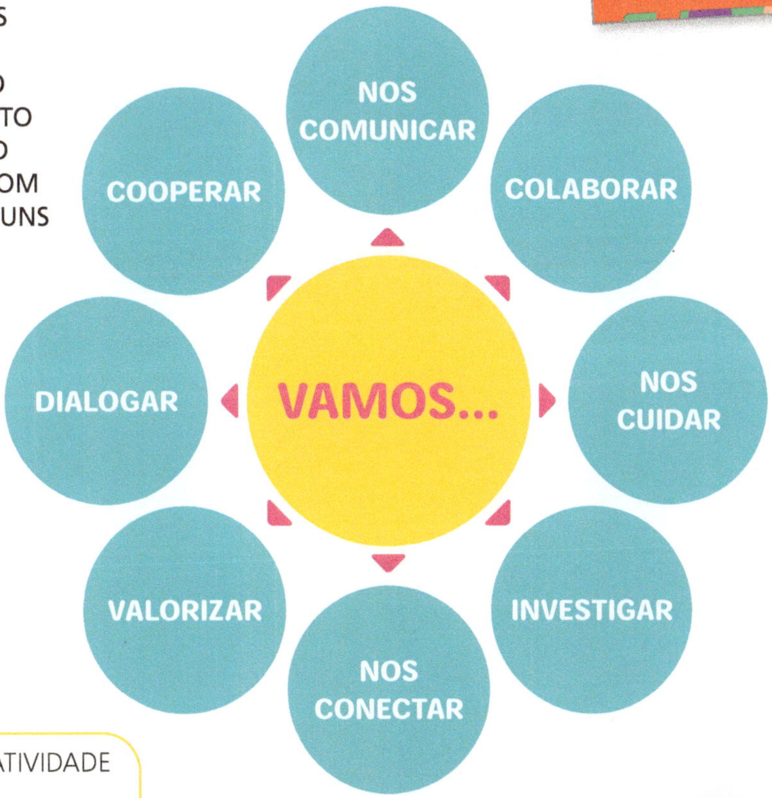
VAMOS...
NOS COMUNICAR
COLABORAR
NOS CUIDAR
INVESTIGAR
NOS CONECTAR
VALORIZAR
DIALOGAR
COOPERAR

CONHEÇA OS ÍCONES

RESPONDA À ATIVIDADE ORALMENTE.

ESCREVA A RESPOSTA NO CADERNO.

SUMÁRIO

UNIDADE 1 - PRAZER EM LER E ESCREVER 13

LENDO UM TRECHO DE CONTO

- O MENINO QUE APRENDEU A VER
  RUTH ROCHA 14
- ESTUDANDO O TEXTO 15

ESTUDANDO A LÍNGUA

- DIFERENTES LINGUAGENS DO DIA A DIA 16
- PRATIQUE E APRENDA 17

LENDO OUTRO TRECHO DE CONTO

- O MENINO QUE APRENDEU A VER
  RUTH ROCHA 19
- ESTUDANDO O TEXTO 21

COMPARANDO TEXTOS 22

PRODUÇÃO ORAL E ESCRITA

- PRODUZIR REGRAS DA TURMA 24

COMO SE ESCREVE?

- O ALFABETO 26
- PRATIQUE E APRENDA 27

DIVIRTA-SE E APRENDA

- ALFABETO ILUSTRADO 34

LENDO UMA HISTÓRIA POR IMAGEM

- O DRAGÃO E O CAVALEIRO DO JEITO QUE A PRINCESA CONTOU
  MAURÍCIO VENEZA 36
- ESTUDANDO O TEXTO 38

PRODUÇÃO ESCRITA

- PRODUZIR LISTA DE NOMES DA TURMA 40

UNIDADE 2 — NOME: TODO MUNDO TEM 43

LENDO UMA QUADRINHA
- QUADRINHA POPULAR 44
- ESTUDANDO O TEXTO 45

PRODUÇÃO ORAL
- DECLAMAR QUADRINHA 46

COMO SE ESCREVE?
- ESCRITA DE NOMES DE PESSOAS 47
- APRENDA MAIS! 50

DIVIRTA-SE E APRENDA
- BINGO DE NOMES 51
- PRATIQUE E APRENDA 52

LENDO UM POEMA
- QUE FERA!
  ALEXANDRE AZEVEDO 53
- ESTUDANDO O TEXTO 55

COMO SE ESCREVE?
- AS VOGAIS 57
- PRATIQUE E APRENDA 58

POR DENTRO DO TEMA
- O DIREITO DE TER UM NOME 61

PRODUÇÃO ESCRITA
- PRODUZIR CALENDÁRIO DE ANIVERSÁRIOS DA TURMA 62

UNIDADE 3 — QUER BRINCAR? 65

LENDO UM TRECHO DE REPORTAGEM
- BRINCADEIRAS
  POVOS INDÍGENAS NO BRASIL MIRIM 66
- ESTUDANDO O TEXTO 68
- APRENDA MAIS! 69

COMO SE ESCREVE?
- A LETRA B 70
- PRATIQUE E APRENDA 71

LENDO UMA HISTÓRIA POR IMAGEM
- PATINETE
  EVA FURNARI 72
- ESTUDANDO O TEXTO 74

COMO SE ESCREVE?
- A LETRA P 76
- PRATIQUE E APRENDA 77

LENDO INSTRUÇÕES DE MONTAGEM
- TELEFONE DE FIO
  RICARDO DALAI 79
- ESTUDANDO O TEXTO 81

COMO SE ESCREVE?
- A LETRA T 83
- PRATIQUE E APRENDA 84
- LÁ VEM CONTO 85

PRODUÇÃO ORAL
- BRINCAR DE CONVERSA TELEFÔNICA 86

PRODUÇÃO ESCRITA
- PRODUZIR AGENDA DE TELEFONES DA TURMA 88

UNIDADE 4 — É PIQUE! É PIQUE! 91

LENDO UM POEMA
- ANA
  - MARIA ELISA ALVES 92
- ESTUDANDO O TEXTO 93
- LÁ VEM POEMA 95

COMO SE ESCREVE?
- A LETRA V 96
- PRATIQUE E APRENDA 96

PRODUÇÃO ORAL
- RELATAR EXPERIÊNCIA PESSOAL 99

DIVIRTA-SE E APRENDA
- ONDE ESTÁ? 100

LENDO UM CONVITE
- CONVITE
  - MARINA 102
- ESTUDANDO O TEXTO 103
- APRENDA MAIS! 104

COMPARANDO TEXTOS 105

COMO SE ESCREVE?
- A LETRA D 106
- PRATIQUE E APRENDA 107

POR DENTRO DO TEMA
- ANIVERSÁRIOS AO REDOR DO MUNDO 109

PRODUÇÃO ESCRITA
- PRODUZIR CONVITE DE ANIVERSÁRIO 110

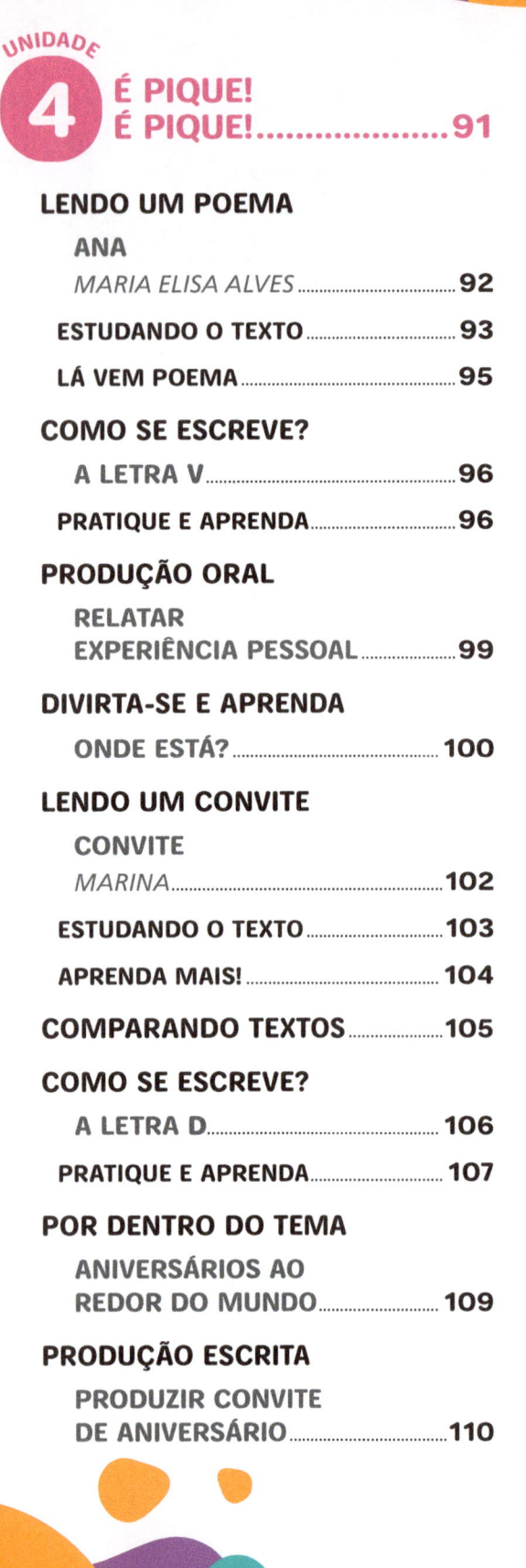

UNIDADE 5 — UM, DOIS, FEIJÃO COM ARROZ 113

LENDO UM TEXTO DE CURIOSIDADE
- O PÃO FRANCÊS VEIO MESMO DA FRANÇA?
  - RECREIO 114
- ESTUDANDO O TEXTO 115
- LÁ VEM CANÇÃO 117

COMO SE ESCREVE?
- A LETRA F 118
- PRATIQUE E APRENDA 120

LENDO RÓTULOS DE EMBALAGENS
- RÓTULOS DE EMBALAGENS 121
- ESTUDANDO O TEXTO 122
- APRENDA MAIS! 123

POR DENTRO DO TEMA
- REAPROVEITAMENTO DE ALIMENTOS 124

COMO SE ESCREVE?
- A LETRA M 125
- PRATIQUE E APRENDA 126

DIVIRTA-SE E APRENDA
- FRUTAS DE MASSINHA 128

PRODUÇÃO ORAL E ESCRITA
- PRODUZIR TEXTO DE CURIOSIDADE E GRAVAR VÍDEO 130
- APRENDA MAIS! 131

UNIDADE 6 — EU ENTREI NA RODA 135

LENDO UMA CANTIGA POPULAR
- EU ERA ASSIM
  - CANTIGA POPULAR 136
- ESTUDANDO O TEXTO 138

COMO SE ESCREVE?
- A LETRA N 140
- PRATIQUE E APRENDA 141

LENDO UMA PARLENDA
- CORRE, CUTIA
  - PARLENDA POPULAR 142
- ESTUDANDO O TEXTO 143

COMO SE ESCREVE?
- A LETRA C 145
- PRATIQUE E APRENDA 146

LENDO OUTRA CANTIGA POPULAR
- O SAPO
  - CANTIGA POPULAR 148
- ESTUDANDO O TEXTO 149
- LÁ VEM CANÇÃO 150

DIVIRTA-SE E APRENDA
- ÁLBUM DE NOMES DE CANTIGAS 151

COMO SE ESCREVE?
- A LETRA S 152
- PRATIQUE E APRENDA 153

PRODUÇÃO ORAL E ESCRITA
- REGISTRAR E CANTAR CANTIGA POPULAR 155
- APRENDA MAIS! 156

UNIDADE 7 — QUANTOS ANIMAIS! 159

LENDO UM POEMA
- O REI E O RATO
  - ELIAS JOSÉ 160
- ESTUDANDO O TEXTO 162

COMO SE ESCREVE?
- A LETRA R 164
- PRATIQUE E APRENDA 165

DIVIRTA-SE E APRENDA
- DOMINÓ DOS ANIMAIS 166

COMPARANDO TEXTOS 167

LENDO OUTRO POEMA
- OS DENTES DO JACARÉ
  - SÉRGIO CAPPARELLI 168
- ESTUDANDO O TEXTO 170
- APRENDA MAIS! 172

COMO SE ESCREVE?
- A LETRA J 173
- PRATIQUE E APRENDA 174

DIVIRTA-SE E APRENDA
- NOMES DE ANIMAIS 176

POR DENTRO DO TEMA
- CUIDAR DO MEIO AMBIENTE É TAMBÉM CUIDAR DOS ANIMAIS 177

LENDO UMA NOTÍCIA
- GATOS USAM *TABLETS* EM ABRIGO DO CANADÁ
  - JORNAL JOCA 178
- ESTUDANDO O TEXTO 180
- PRATIQUE E APRENDA 182

COMO SE ESCREVE?
- A LETRA G 185
- PRATIQUE E APRENDA 186

PRODUÇÃO ESCRITA
- PRODUZIR LEGENDA PARA FOTO 188

UNIDADE 8 — ERA UMA VEZ... 191

LENDO UM CONTO MARAVILHOSO

OS TRÊS PORQUINHOS
RECONTADO POR MARCIA PAGANINI 192

ESTUDANDO O TEXTO 197

DIVIRTA-SE E APRENDA

OS TRÊS PORQUINHOS 199

LÁ VEM CONTO MARAVILHOSO 199

COMPARANDO TEXTOS 200

COMO SE ESCREVE?

A LETRA L 202

PRATIQUE E APRENDA 203

LENDO UM POEMA

QUE SUJEIRA!
PEDRO BANDEIRA 205

ESTUDANDO O TEXTO 206

APRENDA MAIS! 207

COMO SE ESCREVE?

A LETRA X 208

PRATIQUE E APRENDA 209

COMO SE ESCREVE?

A LETRA Z 210

PRATIQUE E APRENDA 211

PRODUÇÃO ORAL E ESCRITA

RECONTAR E REGISTRAR CONTOS MARAVILHOSOS 212

APRENDA MAIS! 213

FAZENDO E ACONTECENDO

TÚNEL DO TEMPO DOS BRINQUEDOS E DAS BRINCADEIRAS 217

BIBLIOGRAFIA 221

UNIDADE 1
PRAZER EM LER E ESCREVER

PONTO DE PARTIDA

1. O QUE VOCÊ ACHA QUE ESSAS PESSOAS ESTÃO LENDO?

2. VOCÊ JÁ VIVEU OU VIU ALGUMA SITUAÇÃO PARECIDA COM ESSA? COMENTE.

TREZE 13

LENDO UM TRECHO DE CONTO

OUÇA A LEITURA DO PROFESSOR E CONHEÇA JOÃO, UM MENINO MUITO OBSERVADOR.

O MENINO QUE APRENDEU A VER

[...]

EM CADA RUA, NA ESQUINA, UMA PLACA PEQUENINA. JOÃO QUIS SABER:

— O QUE É AQUELA PLACA, MÃE? TODAS AS ESQUINAS TÊM.

— É O NOME DA RUA, FILHO.

JOÃO OLHAVA, OLHAVA E VIA UMA PORÇÃO DE DESENHOS QUE PARA ELE ERAM ASSIM:

UM DIA, A MÃE DO JOÃO DISSE PRA ELE:

— MEU FILHO, VOCÊ PRECISA IR PRO COLÉGIO, APRENDER A LER, APRENDER TODAS AS COISAS...

— QUE COISAS, MÃE?

— AS LETRAS, JOÃO, OS NÚMEROS. VOCÊ VIVE PERGUNTANDO COISAS.

NO DIA SEGUINTE, CEDO, JOÃO FOI PARA O COLÉGIO.

[...]

O MENINO QUE APRENDEU A VER, DE RUTH ROCHA. ILUSTRAÇÕES ORIGINAIS DE MADALENA MATOSO. 9. ED. SÃO PAULO: SALAMANDRA, 2013. P. 8-10.

O TEXTO QUE VOCÊ ACABOU DE LER É UM TRECHO DO LIVRO *O MENINO QUE APRENDEU A VER*, DA ESCRITORA RUTH ROCHA. ELA NASCEU EM SÃO PAULO, EM 1935, E ESCREVE PARA CRIANÇAS HÁ MAIS DE 30 ANOS.

Salamandra/Arquivo da editora

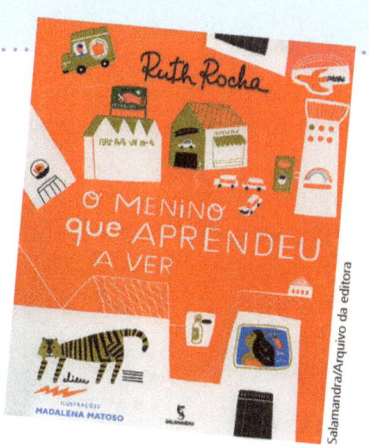

CAPA DO LIVRO *O MENINO QUE APRENDEU A VER*, DE RUTH ROCHA.

ESTUDANDO O TEXTO

1. O QUE VOCÊ ACHOU DO TEXTO? COMENTE COM OS COLEGAS.

2. QUEM SÃO OS PERSONAGENS QUE PARTICIPAM DESSE TRECHO DA HISTÓRIA?

3. ONDE SE PASSAM OS ACONTECIMENTOS DA HISTÓRIA?

- ◯ NA RUA.
- ◯ NA CASA DE JOÃO.
- ◯ NA PRAIA.
- ◯ NA BIBLIOTECA.

4. O QUE ERAM OS DESENHOS QUE JOÃO VIA NAS PLACAS?

5. POR QUE A MÃE DE JOÃO DISSE QUE ELE PRECISAVA IR AO COLÉGIO?

6. VOCÊ CONCORDA COM A MÃE DE JOÃO? POR QUÊ?

7. O QUE VOCÊ ACHA QUE PODE ACONTECER NA SEQUÊNCIA DESSA HISTÓRIA?

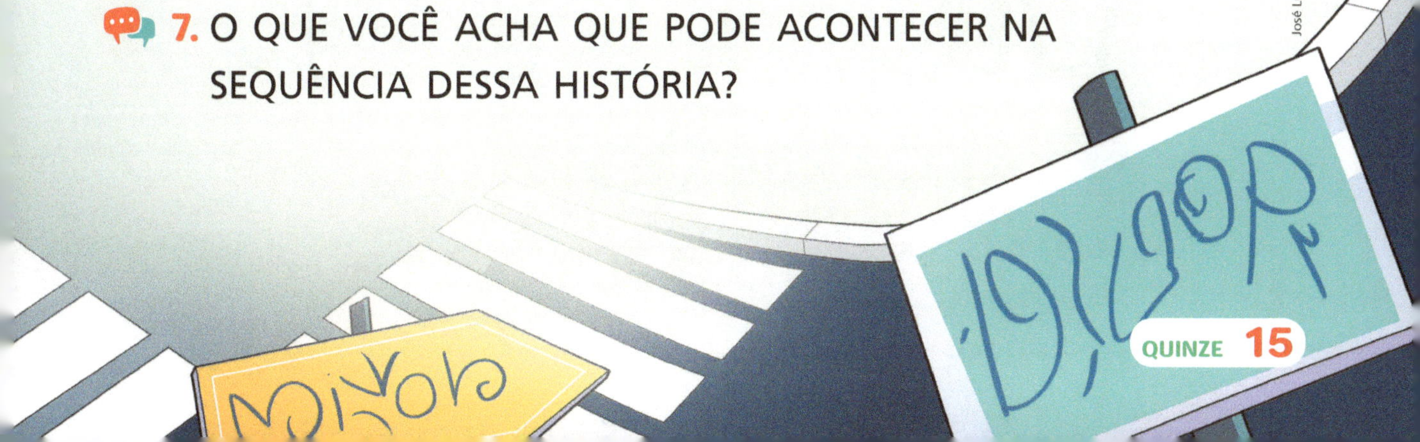

José Luís Juhas

ESTUDANDO A LÍNGUA

DIFERENTES LINGUAGENS DO DIA A DIA

1. OBSERVE AS PLACAS A SEGUIR E VEJA SE VOCÊ RECONHECE ALGUMA DELAS.

Fac-símile: ID/BR

Fac-símile: ID/BR

Fac-símile/Denatran

Janaina de Oliveira/ASC Imagens

Fac-símile: ID/BR

Fac-símile: ID/BR

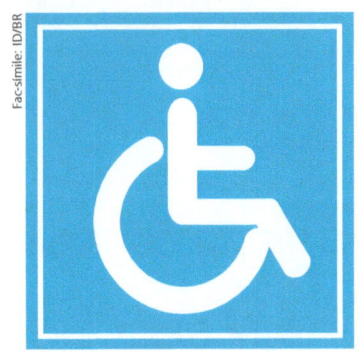

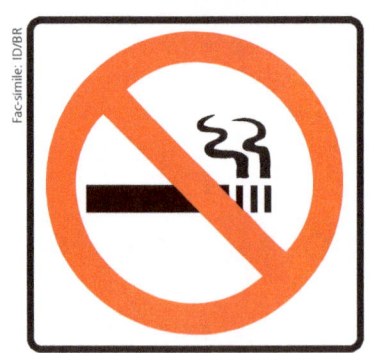

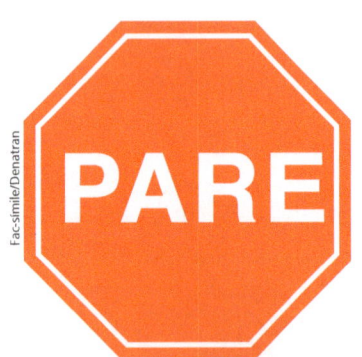

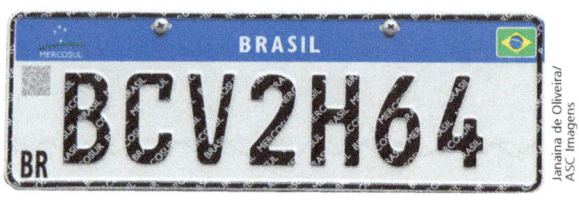

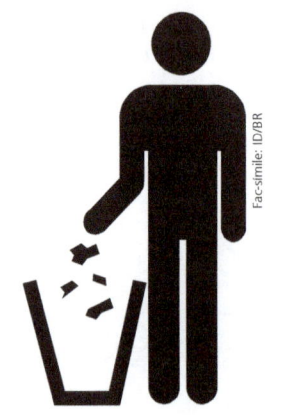

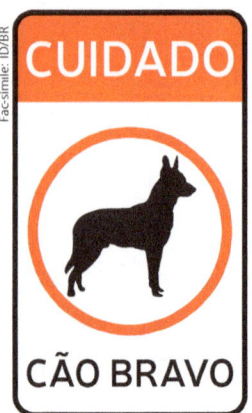

VAMOS NOS COMUNICAR

VOCÊ JÁ PERCEBEU QUE PODEMOS NOS COMUNICAR DE MUITAS FORMAS? PODEMOS FALAR, ESCREVER, DESENHAR, FAZER GESTOS...

PRATIQUE E APRENDA

💬 **1.** O QUE CADA UMA DAS PLACAS DA PÁGINA ANTERIOR INDICA?

💬 **2.** EM QUE LOCAIS PODEMOS ENCONTRAR CADA UMA DELAS?

3. PARA QUE AS PLACAS SÃO UTILIZADAS EM NOSSO DIA A DIA?

◯ PARA INFORMAR.   ◯ PARA SINALIZAR.

◯ PARA ENFEITAR.   ◯ PARA ALERTAR.

4. CIRCULE CADA UMA DAS PLACAS DA PÁGINA ANTERIOR, DE ACORDO COM A LEGENDA A SEGUIR.

🟡 PLACA COMPOSTA DE DESENHO.

🔵 PLACA COMPOSTA DE LETRAS.

🟠 PLACA COMPOSTA DE NÚMEROS E LETRAS.

🟢 PLACA COMPOSTA DE DESENHOS E LETRAS.

5. IMAGINE QUE VOCÊ E UM ADULTO ESTEJAM A PÉ E PRECISEM ATRAVESSAR UMA RUA. QUAL PLACA INDICA QUE ISSO É PERMITIDO?

Ilustrações: Somma Studio

DEZESSETE **17**

6. TRACE O CAMINHO ONDE HÁ SOMENTE LETRAS.

7. ESCREVA, NO ESPAÇO ABAIXO, QUATRO PALAVRAS QUE VOCÊ CONHECE.

- MOSTRE AOS COLEGAS AS PALAVRAS QUE VOCÊ ESCREVEU E VEJA AS PALAVRAS ESCRITAS POR ELES.

LENDO OUTRO TRECHO DE CONTO

O QUE SERÁ QUE ACONTECEU COM JOÃO DEPOIS DE IR À ESCOLA? VAMOS DESCOBRIR OUVINDO MAIS UM TRECHO DA HISTÓRIA.

O MENINO QUE APRENDEU A VER

[...]

CADA LETRA QUE JOÃO IA APRENDENDO IA LOGO APARECENDO EM TUDO QUE ERA LUGAR.

JOÃO SAÍA DA ESCOLA E SE PUNHA A PROCURAR.

E ASSIM JOÃO VIU SURGIR NAS PLACAS E NOS PACOTES, NOS ÔNIBUS E NOS POSTES, TUDO QUE ELE APRENDIA.

ATÉ QUE CHEGOU UM DIA EM QUE JOÃO OLHOU A PLACA DA RUA ONDE ELE MORAVA.

E LÁ ESTAVA: RUA DO SOL.

[...]

José Luís Juhas

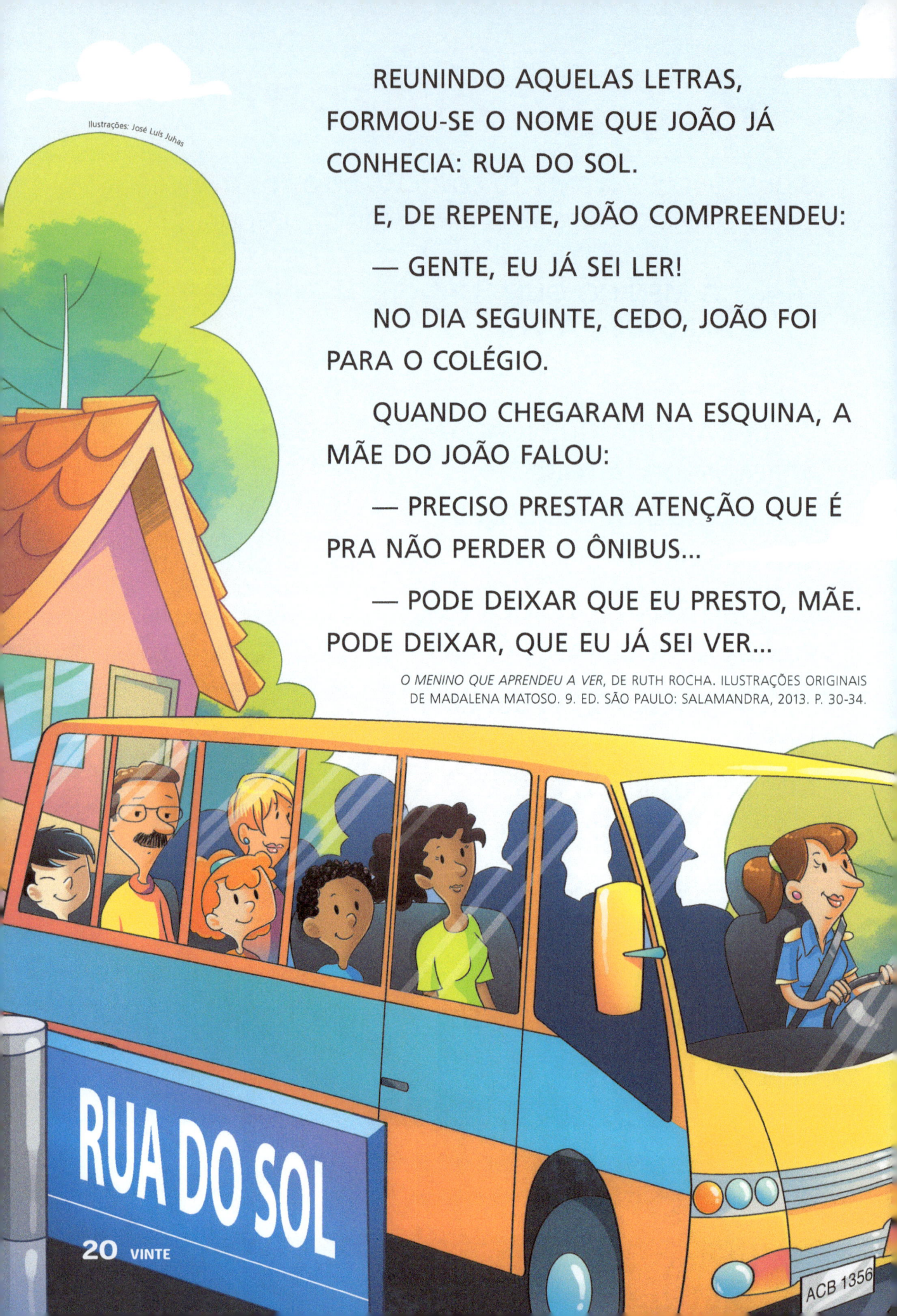

REUNINDO AQUELAS LETRAS, FORMOU-SE O NOME QUE JOÃO JÁ CONHECIA: RUA DO SOL.

E, DE REPENTE, JOÃO COMPREENDEU:

— GENTE, EU JÁ SEI LER!

NO DIA SEGUINTE, CEDO, JOÃO FOI PARA O COLÉGIO.

QUANDO CHEGARAM NA ESQUINA, A MÃE DO JOÃO FALOU:

— PRECISO PRESTAR ATENÇÃO QUE É PRA NÃO PERDER O ÔNIBUS...

— PODE DEIXAR QUE EU PRESTO, MÃE. PODE DEIXAR, QUE EU JÁ SEI VER...

O MENINO QUE APRENDEU A VER, DE RUTH ROCHA. ILUSTRAÇÕES ORIGINAIS DE MADALENA MATOSO. 9. ED. SÃO PAULO: SALAMANDRA, 2013. P. 30-34.

ESTUDANDO O TEXTO

1. O QUE OCORREU COM JOÃO DEPOIS DE IR À ESCOLA FOI O QUE VOCÊ HAVIA IMAGINADO? COMENTE.

2. O QUE ACONTECIA COM AS LETRAS QUE JOÃO IA APRENDENDO?

3. POR QUE ISSO ACONTECIA?

4. O QUE JOÃO FAZIA AO SAIR DA ESCOLA?

5. JOÃO PERCEBEU QUE JÁ SABIA LER QUANDO:

    ( ) VIA UMA PORÇÃO DE DESENHOS NAS PLACAS.

    ( ) RECONHECEU O NOME DE SUA RUA, A RUA DO SOL.

6. COPIE O NOME DA RUA ONDE JOÃO MORAVA.

    [   ]

7. O QUE JOÃO FEZ AO SABER DA PREOCUPAÇÃO DA MÃE EM NÃO PERDER O ÔNIBUS?

    ( ) ELE DISSE À SUA MÃE QUE NÃO SE PREOCUPASSE, POIS ELE JÁ SABIA VER.

    ( ) ELE DISSE À SUA MÃE QUE NÃO SE PREOCUPASSE, POIS ELES NÃO ESTAVAM ATRASADOS.

COMPARANDO TEXTOS

ACOMPANHE A LEITURA DO CARTAZ DE REGRAS DE UMA TURMA DE 1º ANO.

REGRAS DA TURMA

RESPEITAR O PROFESSOR, OS COLEGAS E OS FUNCIONÁRIOS DA ESCOLA.

JOGAR LIXO NA LIXEIRA.

MANTER A SALA ORGANIZADA.

ESPERAR A SUA VEZ DE FALAR.

22 VINTE E DOIS

💬 **1.** HÁ CARTAZES COMO ESSE NA SUA ESCOLA? COMENTE.

💬 **2.** QUAL É A IMPORTÂNCIA DESSAS REGRAS EM UMA ESCOLA?

3. AS REGRAS NESSE CARTAZ FORAM ORGANIZADAS:

◯ LADO A LADO.   ◯ UMA ABAIXO DA OUTRA.

4. DESENHE UMA REGRA QUE VOCÊ INCLUIRIA NESSE CARTAZ.

5. SE O PERSONAGEM JOÃO ENCONTRASSE ESSE CARTAZ ANTES DE IR PARA O COLÉGIO, O QUE ELE PODERIA FAZER PARA COMPREENDER AS REGRAS?

◯ OBSERVAR OS DESENHOS.   ◯ OBSERVAR AS LETRAS.

VINTE E TRÊS **23**

PRODUÇÃO ORAL E ESCRITA

PRODUZIR REGRAS DA TURMA

QUE TAL CRIAR REGRAS DA TURMA PARA QUE A CONVIVÊNCIA ENTRE VOCÊ E SEUS COLEGAS SEJA SEMPRE TRANQUILA?

VAMOS NOS RESPEITAR

RESPEITAR REGRAS E OUTROS COMBINADOS É MUITO IMPORTANTE PARA UMA BOA CONVIVÊNCIA COM TODAS AS PESSOAS.

PLANEJEM

CONVERSEM COM O PROFESSOR SOBRE QUAIS REGRAS SÃO IMPORTANTES PARA UMA BOA CONVIVÊNCIA EM SALA DE AULA.

ESCREVAM

- VOCÊS VÃO DIZER AS REGRAS E O PROFESSOR VAI ANOTÁ-LAS NA LOUSA. VEJAM OS EXEMPLOS A SEGUIR.

- UTILIZAR PALAVRAS QUE INDICAM GENTILEZA: **POR FAVOR, OBRIGADO OU OBRIGADA, COM LICENÇA E DESCULPE-ME**.
- MANTER A SALA DE AULA LIMPA E ORGANIZADA.
- LEVANTAR A MÃO QUANDO PRECISAR FALAR.
- RESPEITAR OS COLEGAS.
- RESPEITAR O PROFESSOR.

- COM A LISTA DE REGRAS, VOCÊS PRODUZIRÃO UM CARTAZ. PARA ISSO, VOCÊS PRECISARÃO DE:

UMA CARTOLINA OU OUTRO PAPEL GRANDE.

CANETAS COLORIDAS.

LÁPIS GRAFITE.

LÁPIS DE COR.

- ESCREVAM O TÍTULO DO CARTAZ.
- DEPOIS, ESCREVAM AS REGRAS USANDO O LÁPIS GRAFITE.

REVISEM

VERIFIQUEM SE TODAS AS REGRAS LISTADAS NA LOUSA FORAM ESCRITAS NO CARTAZ E SE AS PALAVRAS FORAM ESCRITAS CORRETAMENTE.

REESCREVAM

AGORA, ESCREVAM AS REGRAS COM LÁPIS DE COR E CANETAS COLORIDAS, ENFEITEM O CARTAZ COM OS RECORTES OU ADESIVOS E O FIXEM NA SALA DE AULA PARA QUE VOCÊS SEMPRE POSSAM CONSULTÁ-LO.

AVALIEM

	SIM	NÃO
TODOS AJUDARAM A CITAR AS REGRAS?		
TODOS CONTRIBUÍRAM NA PRODUÇÃO DO CARTAZ?		

COMO SE ESCREVE?

O ALFABETO

1. O CONJUNTO DE LETRAS DE UMA LÍNGUA É CHAMADO **ALFABETO**. VEJA O ALFABETO DA LÍNGUA PORTUGUESA EM LETRA DE IMPRENSA MAIÚSCULA E MINÚSCULA.

Aa Bb Cc Dd Ee Ff Gg Hh
Ii Jj Kk Ll Mm Nn Oo
Pp Qq Rr Ss Tt Uu
Vv Ww Xx Yy Zz

AGORA, VEJA O ALFABETO EM LETRA CURSIVA MAIÚSCULA E MINÚSCULA.

Aa Bb Cc Dd Ee Ff Gg Hh
Ii Jj Kk Ll Mm Nn Oo
Pp Qq Rr Ss Tt Uu
Vv Ww Xx Yy Zz

26 VINTE E SEIS

PRATIQUE E APRENDA

1. DIGA O NOME DAS LETRAS DO ALFABETO DA PÁGINA ANTERIOR.

2. CIRCULE DE **VERMELHO**, NOS ALFABETOS DA PÁGINA ANTERIOR, A LETRA INICIAL DE SEU NOME.

3. AS 26 LETRAS QUE FAZEM PARTE DO ALFABETO SÃO COLOCADAS EM DETERMINADA ORDEM.

   AGORA, COM OS COLEGAS E O PROFESSOR, RECITE AS LETRAS DA PÁGINA ANTERIOR NA ORDEM EM QUE APARECEM NO ALFABETO.

4. ESCREVA NOS QUADRINHOS:

   A PRIMEIRA LETRA DO ALFABETO.

   A LETRA QUE VEM LOGO DEPOIS DA PRIMEIRA LETRA.

   A ÚLTIMA LETRA DO ALFABETO.

5. ESCREVA O QUE É INDICADO EM CADA QUADRO A SEGUIR.

ESCREVA A LETRA INICIAL DO SEU NOME.	ESCREVA A LETRA QUE, NA ORDEM ALFABÉTICA, VEM ANTES DA PRIMEIRA LETRA DO SEU NOME.	ESCREVA A LETRA QUE, NA ORDEM ALFABÉTICA, VEM DEPOIS DA PRIMEIRA LETRA DO SEU NOME.

VINTE E SETE

6. CIRCULE, ABAIXO, SOMENTE AS LETRAS.

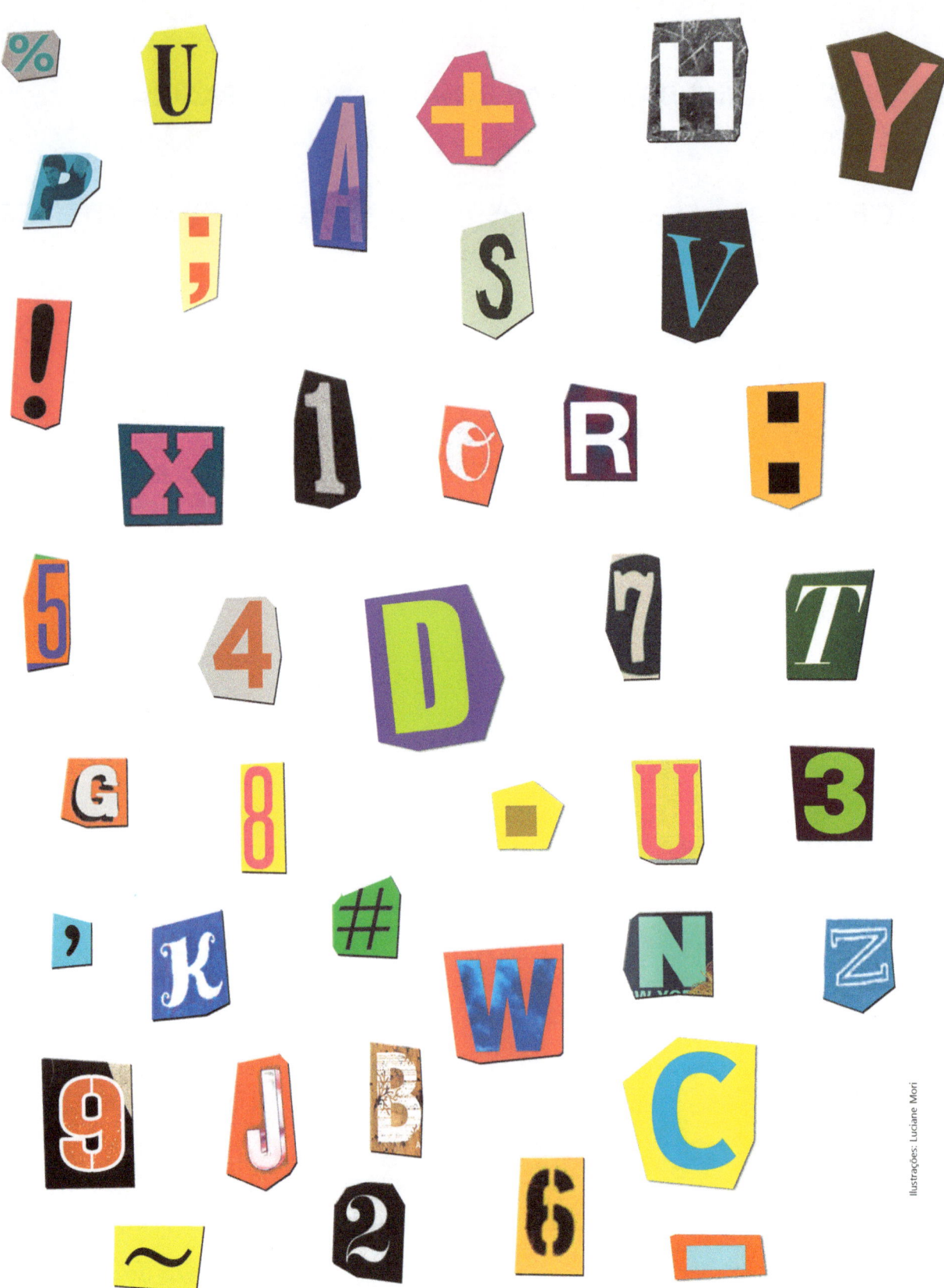

7. LIGUE AS IMAGENS QUE TÊM NOMES QUE COMEÇAM COM A MESMA LETRA.

TIGRE

PETECA

CAVALO

TIJOLO

PERU

CADEIRA

MACACO

RAQUETE

MALA

RATO

VINTE E NOVE 29

8. CIRCULE EM CADA PAR DE PALAVRAS DESTACADAS AS LETRAS QUE SÃO DIFERENTES.

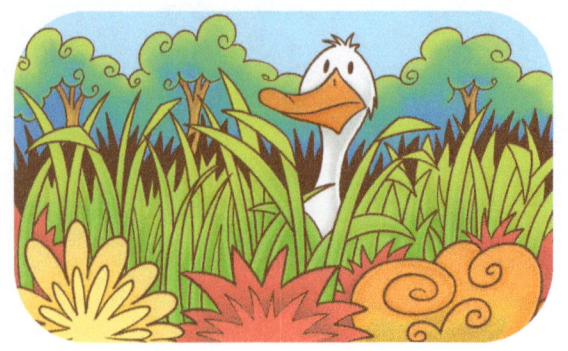

O | P | A | T | O | FOI PARA
O | M | A | T | O | .

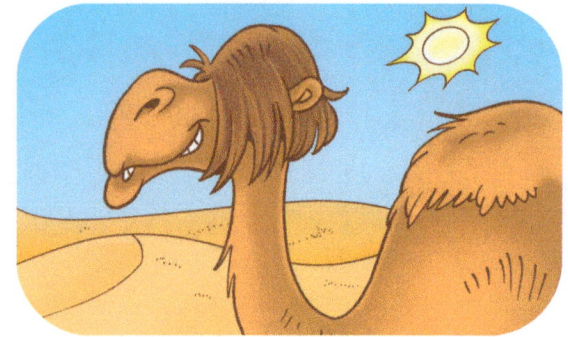

O | C | A | M | E | L | O | TEM
| C | A | B | E | L | O | .

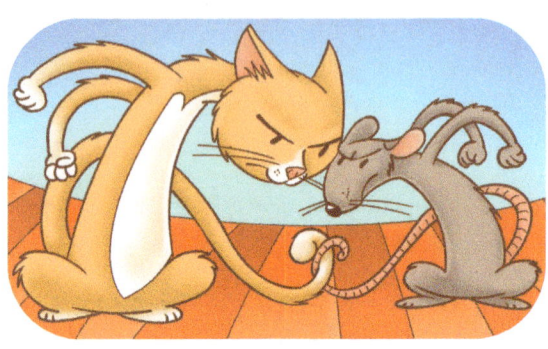

O | G | A | T | O | BRIGOU COM
O | R | A | T | O | .

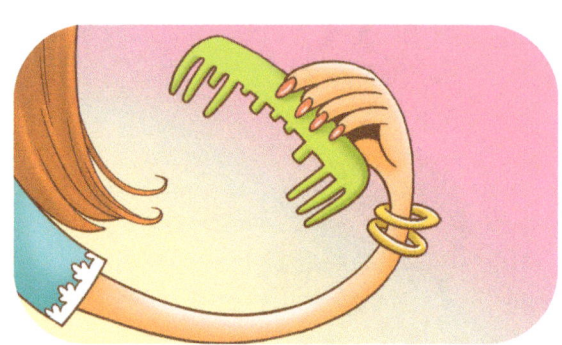

VI UM | P | E | N | T | E | QUASE
SEM | D | E | N | T | E | .

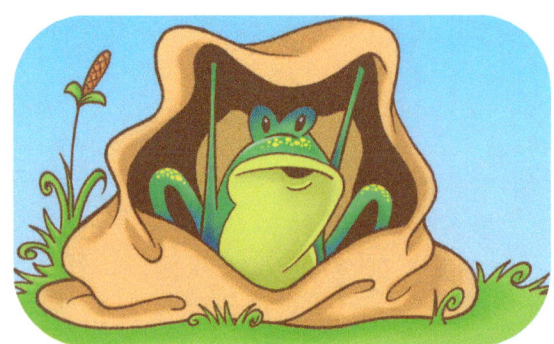

O | S | A | P | O | ESTÁ
NO | S | A | C | O | .

QUE | E | L | E | G | A | N | T | E |
ESSE | E | L | E | F | A | N | T | E | !

Ilustrações: Gustavo Machado

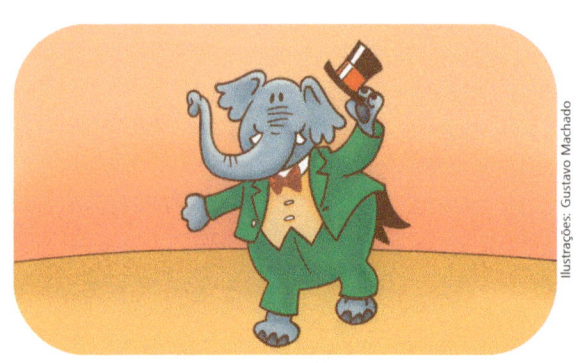

9. CONTORNE AS LETRAS DE IMPRENSA E CURSIVA QUE INICIAM O NOME DE CADA IMAGEM APRESENTADA ABAIXO.

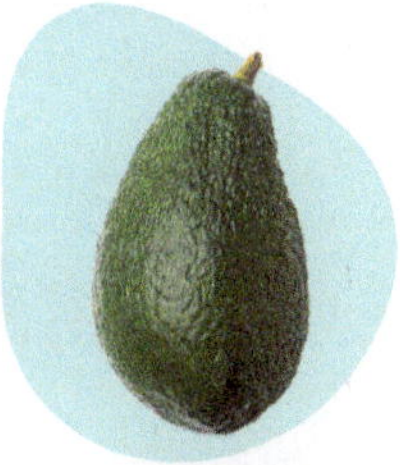
mludzen/iStock/
Getty Images

→ a b c d e f | b e a d c f

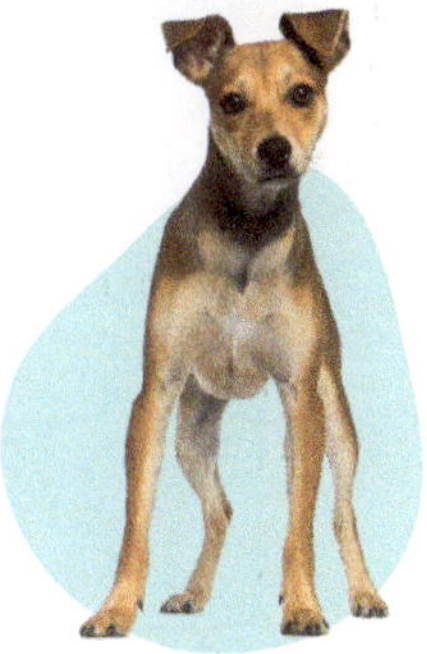
GlobalP/iStock/
Getty Images

→ x r z m s c | z x r c s m

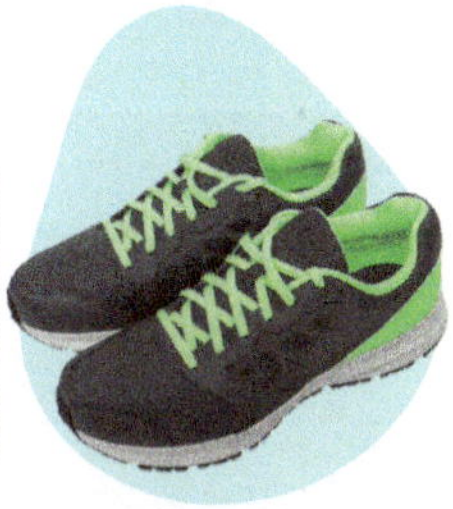
Den Rozhnovsky/
Shutterstock.com/ID/BR

→ a r i k t o | r t a k o i

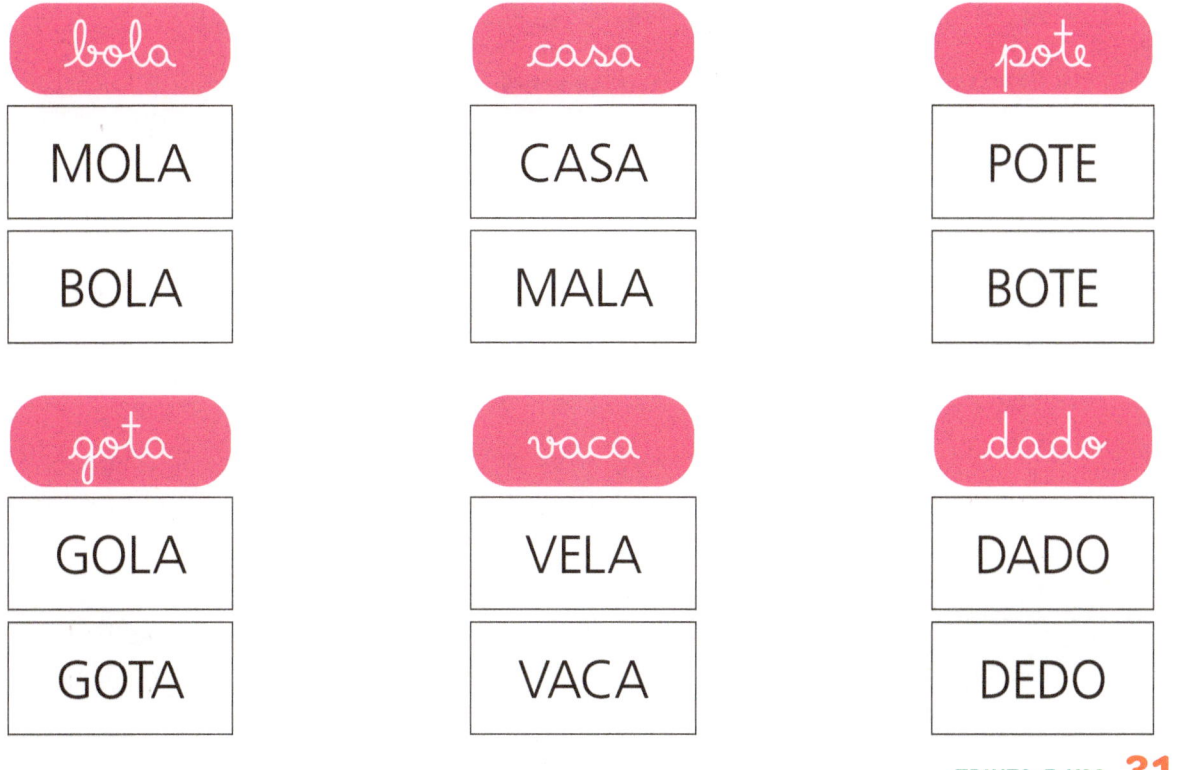

10. PINTE A PALAVRA ESCRITA COM LETRA DE IMPRENSA CORRESPONDENTE À PALAVRA APRESENTADA EM LETRA CURSIVA.

bola: MOLA / BOLA

casa: CASA / MALA

pote: POTE / BOTE

gota: GOLA / GOTA

vaca: VELA / VACA

dado: DADO / DEDO

11. OBSERVE AS PALAVRAS E LIGUE AS QUE NOMEIAM O MESMO ELEMENTO.

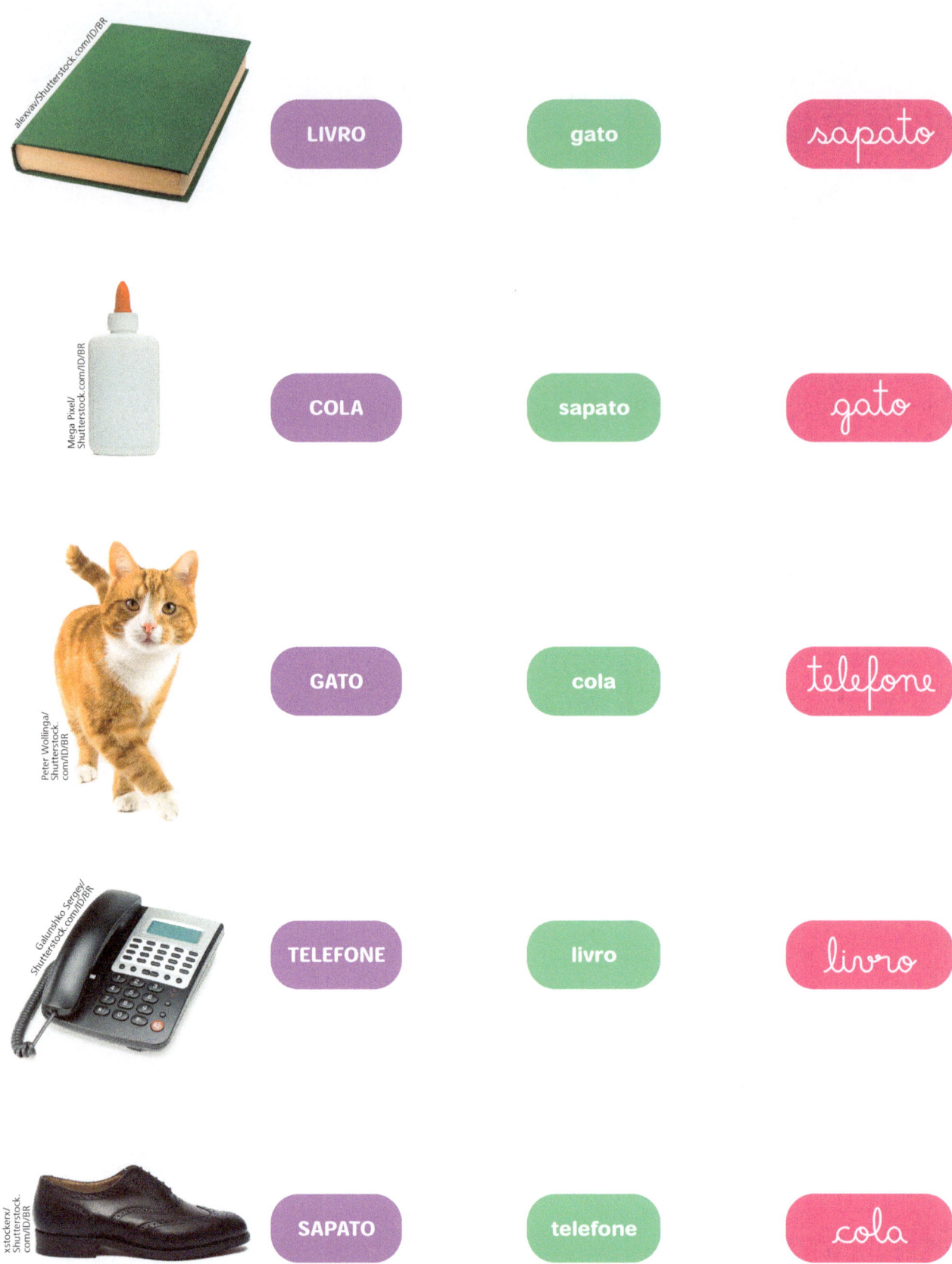

12. OBSERVE OS TEXTOS ABAIXO.

BILHETE.

CONVITE DE CHÁ DE COZINHA.

A. VOCÊ JÁ RECEBEU OU ENVIOU ALGUM BILHETE OU CONVITE? COMENTE COM OS COLEGAS.

B. QUAL É O OBJETIVO DE CADA UM DESSES TEXTOS?

C. AGORA, PINTE OS QUADRINHOS QUE ACOMPANHAM CADA IMAGEM ACIMA DE ACORDO COM ESTA LEGENDA.

🟢 TEXTO ESCRITO COM LETRA DE IMPRENSA.

🟠 TEXTO ESCRITO COM LETRA CURSIVA.

13. ESCREVA AS LETRAS QUE O PROFESSOR VAI DITAR.

DIVIRTA-SE E APRENDA

ALFABETO ILUSTRADO

O QUE VOCÊ ACHA DE MONTAR UM ALFABETO ILUSTRADO?

PARA ISSO, DESTAQUE OS **ADESIVOS** DA PÁGINA **249** E COLE-OS NOS ESPAÇOS ADEQUADOS.

34 TRINTA E QUATRO

M	N	O
P	Q	R
S	T	U
V	W	X
	Y	Z

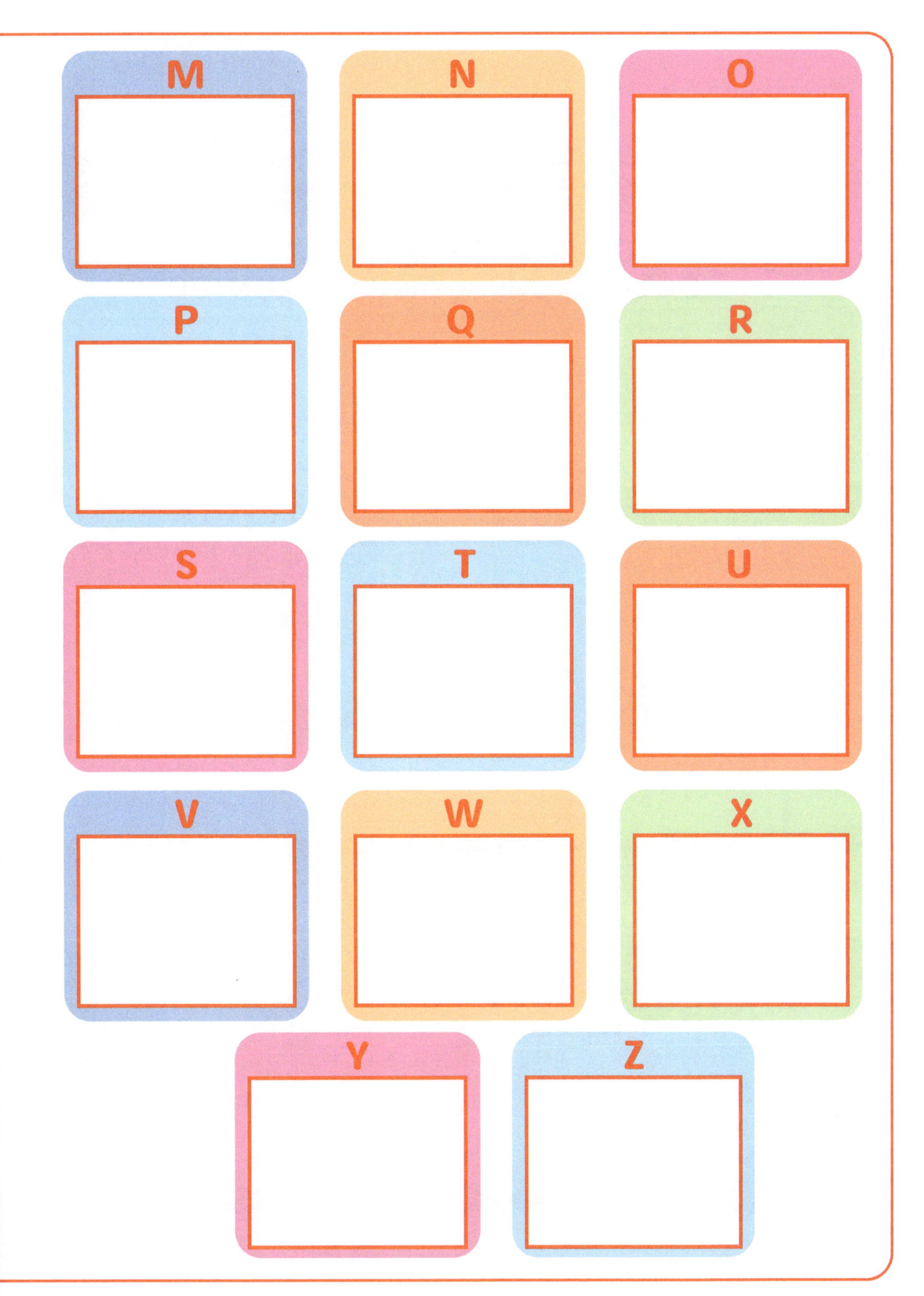

TRINTA E CINCO **35**

LENDO UMA HISTÓRIA POR IMAGEM

VEJA, A SEGUIR, UMA HISTÓRIA CONTADA POR MEIO DE DESENHOS.

O DRAGÃO E O CAVALEIRO DO JEITO QUE A PRINCESA CONTOU

O DRAGÃO E O CAVALEIRO DO JEITO QUE A PRINCESA CONTOU, DE MAURÍCIO VENEZA. BELO HORIZONTE: COMPOR, 2008. P. 2-11.

ESTUDANDO O TEXTO

1. O QUE VOCÊ ACHOU DA HISTÓRIA LIDA?

2. O QUE VOCÊ ACHOU DO FINAL DA HISTÓRIA? POR QUÊ?

3. LIGUE CADA PERSONAGEM DA HISTÓRIA À PALAVRA QUE O REPRESENTA.

REI

RAINHA

PRINCESA

DRAGÃO

CAVALEIRO

QUE CURIOSO!

HISTÓRIA DA ESCRITA

HÁ MUITO TEMPO, QUANDO A ESCRITA NÃO HAVIA SIDO CRIADA, AS PESSOAS REGISTRAVAM AS HISTÓRIAS, OS ACONTECIMENTOS E AS IDEIAS DE DIFERENTES MANEIRAS.

PRIMEIRAMENTE, OS SERES HUMANOS FAZIAM **DESENHOS** NAS PAREDES DAS CAVERNAS PARA CONTAR O SEU DIA A DIA.

PINTURA EM ROCHA NO DESERTO DA LÍBIA, NA ÁFRICA.

DEPOIS, COMEÇARAM A CRIAR **SÍMBOLOS**, OU SEJA, IMAGENS QUE REPRESENTAVAM UMA IDEIA OU EXPRESSÃO.

ESCRITURAS COM SÍMBOLOS EM PAPIRO.

PARA MELHORAR A COMUNICAÇÃO E REGISTRAR AS IDEIAS, OS SÍMBOLOS FORAM EVOLUINDO ATÉ O SURGIMENTO DA **ESCRITA** NA FORMA COMO CONHECEMOS HOJE.

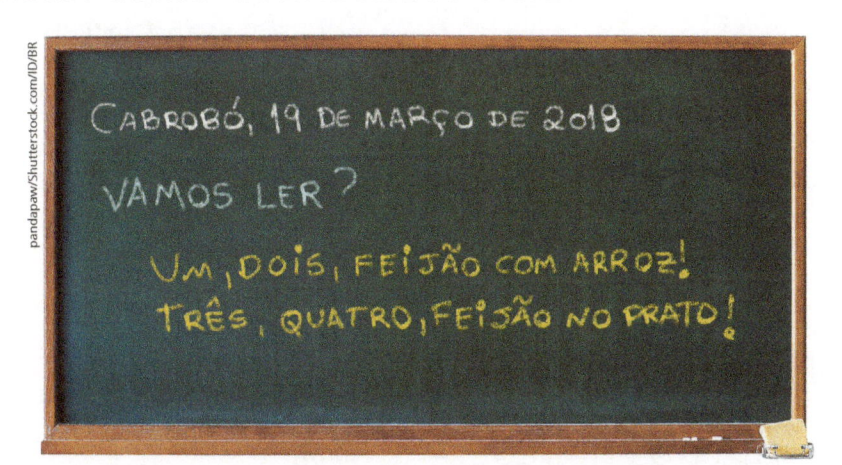

VAMOS CONHECER

O QUE VOCÊ ACHOU DE CONHECER A ORIGEM DA ESCRITA? DEVEMOS VALORIZAR O QUE AS PESSOAS QUE VIVERAM ANTES DE NÓS JÁ FIZERAM.

PRODUÇÃO ESCRITA

PRODUZIR LISTA DE NOMES DA TURMA

VEJA A SEGUIR OS NOMES DOS ALUNOS DA TURMA DA PROFESSORA MALUQUINHA, PERSONAGEM CRIADA PELO ESCRITOR MINEIRO ZIRALDO.

- Ana Maria B. Pereira
- Emi Batista
- Fabrício Arantes
- Regina Santeiro
- Eliete Juliana
- José Paulo Cavalcante
- Aparecido da Conceição
- Ângela Morelenbaum
- Milton Viola Libânio
- Heloísa Bavosi
- Pedro da Silva Martins
- Vilmar Costa Couto
- Antonio Prado
- Maria Helena Pecotti
- Manoel Lopes Martins
- Wanderson da Silva
- Tânia Horta
- Silvio Salazar de Ipanema
- Nádia Tudor
- Zuelmiro Pontenova de Sá
- Sandra Pomar
- Sônia Drum d'Alverga y Valença
- Silvio Justino Tarmutes
- Ivo Barroso Junior
- Maria Elisabete Teixeira
- Daniel Jassar
- Wilson Herman da Silva
- Pedro da Silva Marins
- Helen Bortolin
- Elvira Vânia di Gênio
- Maria Elisa Pimentel
- Miguel Mendes Paiva
- Márcia Ferreth Souza

UMA PROFESSORA MUITO MALUQUINHA, DE ZIRALDO. SÃO PAULO: MELHORAMENTOS, 2012. P. 23.

AGORA, VOCÊ E SEUS COLEGAS VÃO ESCREVER SEUS NOMES PARA, DEPOIS, ORGANIZAR A LISTA DOS NOMES DA TURMA.

PLANEJEM

DESTAQUE O ENVELOPE DA PÁGINA **225** E AS LETRAS MÓVEIS DAS PÁGINAS **227** A **233** E ESCREVA SEU NOME USANDO ESSAS LETRAS. DEPOIS, COPIE-O NA TIRA DE PAPEL QUE O PROFESSOR VAI ENTREGAR A VOCÊ.

ESCREVAM

ORGANIZEM AS TIRAS DE PAPEL EM ORDEM ALFABÉTICA. DEPOIS, ESCREVAM O RASCUNHO DA LISTA DE NOMES DA TURMA.

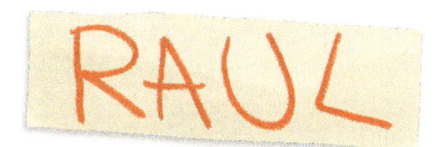

REVISEM

VERIFIQUEM SE TODOS OS NOMES FORAM ESCRITOS CORRETAMENTE E SE ELES FORAM ORGANIZADOS EM ORDEM ALFABÉTICA.

REESCREVAM

O PROFESSOR VAI PASSAR A LISTA A LIMPO EM UMA CARTOLINA, QUE VAI FICAR NA SALA DISPONÍVEL PARA CONSULTA.

AVALIEM

	SIM	NÃO
ENTREGAMOS O PAPEL COM O NOME PARA O PROFESSOR?		
AJUDAMOS A ORGANIZAR A LISTA DE NOMES DA TURMA?		

PONTO DE CHEGADA

1. CIRCULE A IMAGEM FORMADA SOMENTE POR LETRAS.

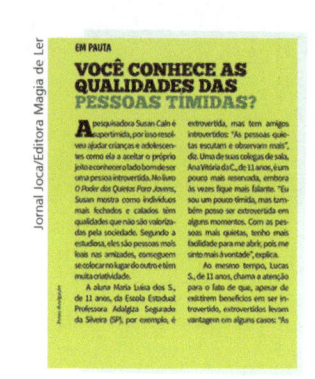

2. COMPLETE O ALFABETO COM AS LETRAS QUE ESTÃO FALTANDO, DE ACORDO COM A ORDEM ALFABÉTICA.

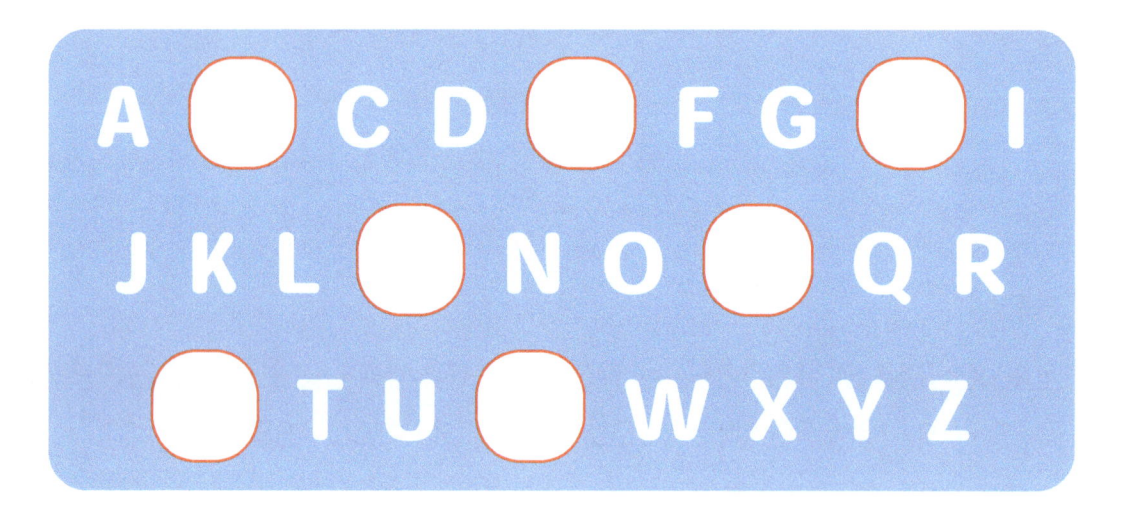

A _ C D _ F G _ I
J K L _ N O _ Q R
_ T U _ W X Y Z

3. SUBLINHE OS NOMES ESCRITOS COM LETRA CURSIVA.

VERÔNICA   Marcos   Raquel   Guilherme

Karina   Eduardo   RUTH   Sabrina   Luís

ANDRÉ   Roberta   ISABELA   Moisés

UNIDADE 2
NOME: TODO MUNDO TEM

GABRIELA

CAMILA

PEDRO

ANA

DAVI

LUCAS

PONTO DE PARTIDA

1. ALGUM DESSES NOMES É O SEU? SE SIM, CIRCULE-O.

2. ALGUM DESSES NOMES COMEÇA COM A MESMA LETRA QUE O SEU NOME? SE SIM, CIRCULE ESSA LETRA.

LENDO UMA QUADRINHA

OUÇA A LEITURA DA QUADRINHA PARA SABER ONDE ESTÁ ESCRITO O NOME DE UMA PESSOA.

QUEM QUISER SABER MEU NOME
DÊ UMA VOLTA NO JARDIM.
O MEU NOME ESTÁ ESCRITO
NUMA FOLHA DE JASMIM.

QUADRINHA POPULAR.

JASMIM: NOME DE UMA FLOR

ESTUDANDO O TEXTO

1. VOCÊ GOSTOU DA QUADRINHA? POR QUÊ? TROQUE IDEIAS COM OS COLEGAS.

2. SE VOCÊ QUISER SABER O NOME DA PESSOA QUE FALA NA QUADRINHA, O QUE DEVE FAZER? POR QUÊ?

3. ESCREVA O SEU NOME NA FOLHA A SEGUIR.

4. NUMERE AS LINHAS DO TEXTO.

ESCREVA NO QUADRINHO QUANTAS LINHAS ELE POSSUI.

5. CIRCULE AS PALAVRAS QUE TERMINAM COM O SOM IGUAL.

NOME   JARDIM   ESCRITO   JASMIM

6. MARQUE UM **X** NA IMAGEM CUJO NOME TERMINA COM O MESMO SOM DAS PALAVRAS QUE VOCÊ CIRCULOU.

QUARENTA E CINCO **45**

PRODUÇÃO ORAL

DECLAMAR QUADRINHA

CHEGOU O MOMENTO DE DECLAMAR UMA QUADRINHA PARA OS COLEGAS DA SALA.

VAMOS VALORIZAR

AS QUADRINHAS FAZEM PARTE DA CULTURA POPULAR. COM ELAS, CONHECEMOS MAIS NOSSO POVO E NOSSA HISTÓRIA.

PLANEJE

ESCOLHA UMA QUADRINHA E LEIA-A EM VOZ ALTA MAIS DE UMA VEZ PARA MEMORIZÁ-LA.

REALIZE

- FIQUE DE FRENTE PARA OS COLEGAS.
- UTILIZE UM TOM DE VOZ QUE TODOS POSSAM OUVIR.
- PRONUNCIE AS PALAVRAS COM CLAREZA.
- DURANTE A APRESENTAÇÃO DOS COLEGAS, FAÇA SILÊNCIO E PRESTE ATENÇÃO.

AVALIE

	SIM	NÃO
LI DIVERSAS VEZES A QUADRINHA ESCOLHIDA?		
CONSEGUI DECLAMAR A QUADRINHA DE MODO QUE OS COLEGAS COMPREENDESSEM?		

COMO SE ESCREVE?

ESCRITA DE NOMES DE PESSOAS

1. CIRCULE NA CANTIGA ABAIXO O NOME DE UMA PESSOA.

A CANOA VIROU

A CANOA VIROU
POR DEIXÁ-LA VIRAR
FOI POR CAUSA DA MARIA
QUE NÃO SOUBE REMAR.

SE EU FOSSE UM PEIXINHO
E SOUBESSE NADAR
EU TIRAVA A MARIA
DO FUNDO DO MAR.

CANTIGA POPULAR.

- COM QUE LETRA COMEÇA O NOME QUE VOCÊ CIRCULOU?

2. ESCREVA DOIS NOMES DA TURMA QUE COMEÇAM COM A MESMA LETRA.

3. ESCREVA DOIS NOMES DA TURMA QUE TERMINAM COM A MESMA LETRA.

4. ESCREVA O NOME DA TURMA QUE POSSUI MAIS LETRAS.

5. QUANTAS LETRAS TEM ESSE NOME?

6. ESCREVA O NOME DA TURMA QUE POSSUI MENOS LETRAS.

7. QUANTAS LETRAS TEM ESSE NOME?

8. ESCREVA UM NOME DA TURMA QUE TENHA SEIS LETRAS.

9. ESCREVA O NOME DO PROFESSOR.

10. QUANTAS LETRAS TEM ESSE NOME?

11. LEIA O NOME DE CADA UMA DAS CRIANÇAS A SEGUIR.

KARINA   WILLIAM   YASMIN

A. VOCÊ CONHECE ALGUÉM QUE TENHA ALGUM DESSES NOMES? COMENTE COM OS COLEGAS.

B. CIRCULE A PRIMEIRA LETRA DE CADA UM DOS NOMES ACIMA.

C. ESCREVA AS LETRAS QUE VOCÊ CIRCULOU.

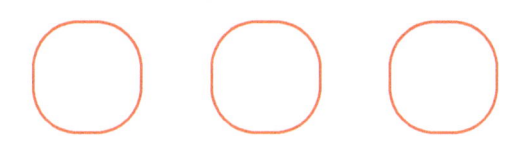

D. HÁ NOMES NA TURMA QUE INICIAM COM AS LETRAS **K**, **W** E **Y**? SE SIM, ESCREVA-OS A SEGUIR.

12. CIRCULE DE AMARELO OS NOMES QUE INICIAM COM **K**, DE VERDE OS QUE INICIAM COM **W** E DE AZUL OS QUE INICIAM COM **Y**.

KAIO	GUSTAVO	ANDRÉ	YAN
WESLEY	REBECA	KÁTIA	DANILO
EDUARDO	YARA	WANESSA	LUÍSA

APRENDA MAIS!

NO LIVRO *MARCELO, MARMELO, MARTELO E OUTRAS HISTÓRIAS*, DE RUTH ROCHA, CONHECEMOS UM MENINO QUE RESOLVEU MUDAR O NOME DAS COISAS. IMAGINE A CONFUSÃO QUE FOI! PARA CONHECER A HISTÓRIA, PROCURE O LIVRO E LEIA-O.

MARCELO, MARMELO, MARTELO E OUTRAS HISTÓRIAS, DE RUTH ROCHA. ILUSTRAÇÕES DE MARIANA MASSARANI. SÃO PAULO: SALAMANDRA, 2011.

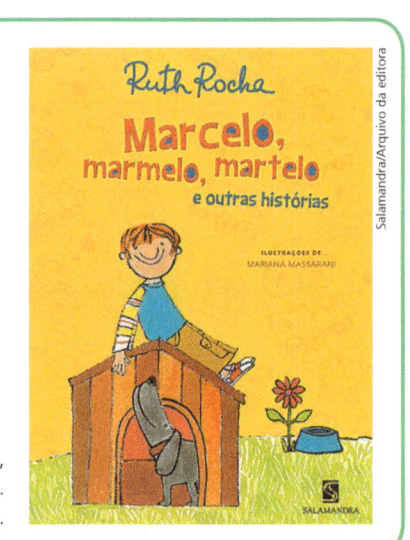

DIVIRTA-SE E APRENDA

BINGO DE NOMES

SIGA AS ORIENTAÇÕES DO PROFESSOR PARA BRINCAR.

PRATIQUE E APRENDA

1. PREENCHA A FICHA A SEGUIR COM AS SUAS INFORMAÇÕES.

FICHA DA BIBLIOTECA

NOME DA ESCOLA: _____

_____

NOME E SOBRENOME: _____

_____

NOME DOS PAIS OU RESPONSÁVEIS: _____

_____

_____

ENDEREÇO: _____

_____

_____ Nº: _____

TELEFONE: _____

ANO: _____ TURMA: _____

LENDO UM POEMA

UMA TURMA DE CRIANÇAS ENCONTROU UMA FERA. O QUE VOCÊ IMAGINA QUE ACONTECEU?

QUE FERA!

SEBASTIÃO
DISSE QUE VIU UM LEÃO!

QUE SUSTO
LEVOU O AUGUSTO!

A MONIQUE
TEVE UM CHILIQUE!

— PERNAS PRA QUE TE QUERO!
DISSE O ANTERO.

A APARECIDA
DESAPARECEU EM SEGUIDA!

E QUE GRITO
SOLTOU O BENEDITO!

A PATRÍCIA
CHAMOU A POLÍCIA.

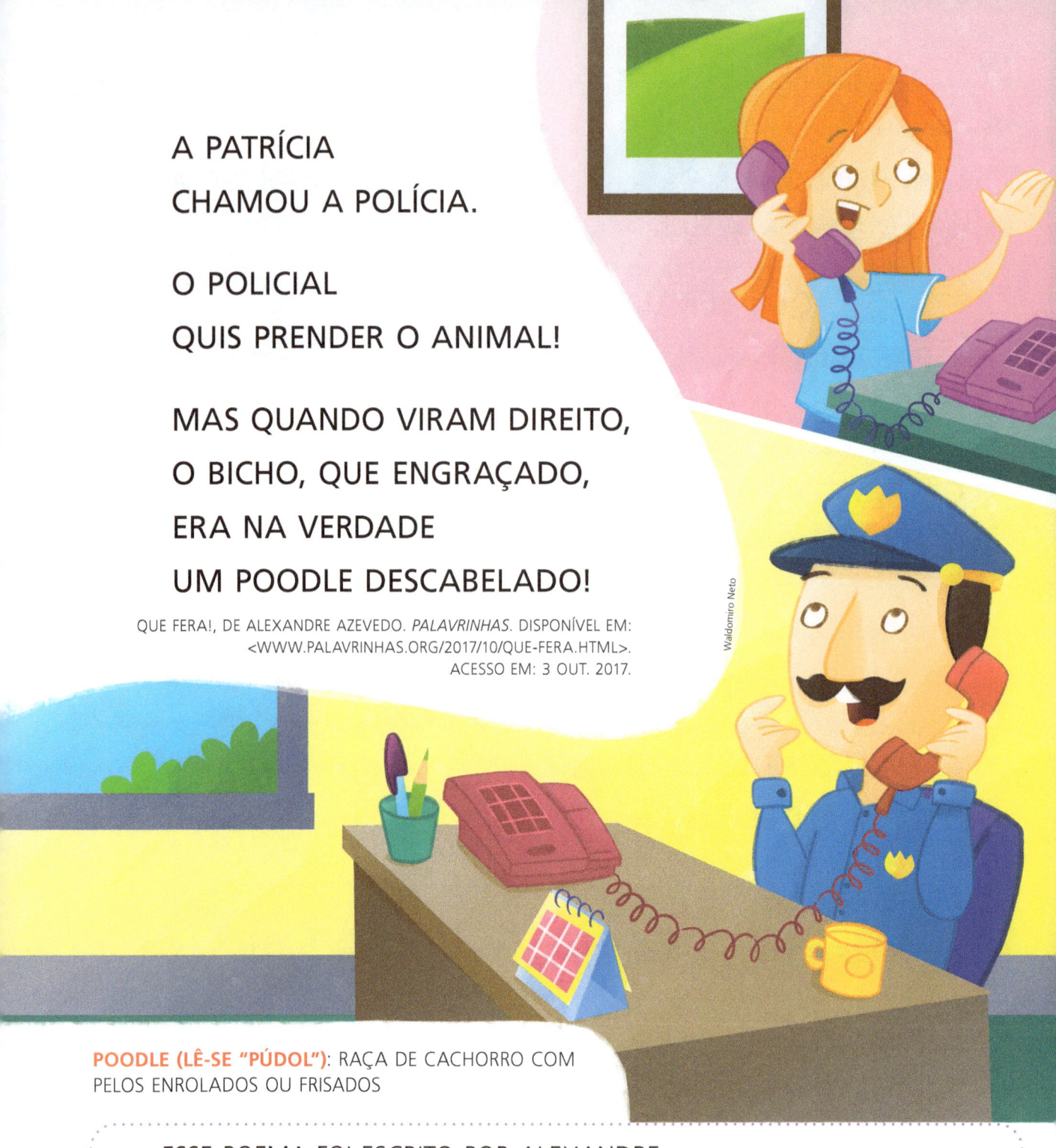

O POLICIAL
QUIS PRENDER O ANIMAL!

MAS QUANDO VIRAM DIREITO,
O BICHO, QUE ENGRAÇADO,
ERA NA VERDADE
UM POODLE DESCABELADO!

QUE FERA!, DE ALEXANDRE AZEVEDO. *PALAVRINHAS*. DISPONÍVEL EM: <WWW.PALAVRINHAS.ORG/2017/10/QUE-FERA.HTML>. ACESSO EM: 3 OUT. 2017.

POODLE (LÊ-SE "PÚDOL"): RAÇA DE CACHORRO COM PELOS ENROLADOS OU FRISADOS

ESSE POEMA FOI ESCRITO POR ALEXANDRE AZEVEDO, QUE NASCEU EM BELO HORIZONTE, EM 1965, E JÁ ESCREVEU 115 LIVROS, MUITOS DELES PARA CRIANÇAS, COMO *ABC DO DROMEDÁRIO* E *POEMINHAS FENOMENAIS*.

FOTO DE ALEXANDRE AZEVEDO.

ESTUDANDO O TEXTO

1. O QUE VOCÊ ACHOU DESSE POEMA: ENGRAÇADO, TRISTE, EMOCIONANTE, ALEGRE? POR QUÊ?

2. A FERA ERA COMO VOCÊ A IMAGINOU? COMENTE.

3. AFINAL, QUEM ERA A "FERA"?

4. ANTERO, UM DOS PERSONAGENS, DISSE:

> PERNAS PRA QUE TE QUERO!

A. VOCÊ SABE O QUE ISSO SIGNIFICA?

B. CIRCULE O SINAL DE PONTUAÇÃO EMPREGADO NESSA FALA.

- ESSA PONTUAÇÃO FOI EMPREGADA PARA EXPRESSAR:

  ◯ ALEGRIA, EMPOLGAÇÃO.

  ◯ PÂNICO, MEDO.

5. RELEIA UM TRECHO DO POEMA.

> SEBASTIÃO DISSE QUE VIU UM LEÃO!

A. AS PALAVRAS **SEBASTIÃO** E **LEÃO** POSSUEM UMA PARTE QUE APRESENTA SOM IGUAL. PINTE NO TRECHO ACIMA ESSA PARTE.

B. VOLTE AO POEMA E FAÇA O MESMO COM OS OUTROS PARES DE PALAVRAS QUE TAMBÉM POSSUEM O SOM FINAL PARECIDO.

6. LIGUE OS PARES DE PALAVRAS QUE TERMINAM COM O MESMO SOM.

AUGUSTO   QUERO

MONIQUE   SUSTO

ANTERO   CHILIQUE

7. CIRCULE COM A MESMA COR AS IMAGENS CUJOS NOMES TERMINAM COM O MESMO SOM.

COMO SE ESCREVE?

AS VOGAIS

1. COMPLETE O ALFABETO COM AS LETRAS QUE FALTAM.

_BCD_FGH_
JKLMN_PQR
ST_VWXYZ

A. COPIE AS LETRAS QUE VOCÊ ESCREVEU.

B. QUANTAS LETRAS VOCÊ ESCREVEU?

AS LETRAS QUE VOCÊ ESCREVEU SÃO AS **VOGAIS**. NOSSO ALFABETO POSSUI 5 VOGAIS.

2. ESCREVA SEU NOME. DEPOIS PINTE DE **VERDE** AS VOGAIS.

PRATIQUE E APRENDA

1. PESQUISE, NA LISTA DE NOMES DA TURMA, NOMES QUE COMEÇAM COM VOGAL. COPIE-OS A SEGUIR.

2. CIRCULE APENAS OS NOMES DAS CRIANÇAS QUE COMEÇAM COM VOGAL.

CAIUÁ   LUCILA   IVETE

ALINE   LUAN   EDUARDO

3. LIGUE O NOME DE CADA CRIANÇA À IMAGEM CUJO NOME COMEÇA COM A MESMA LETRA.

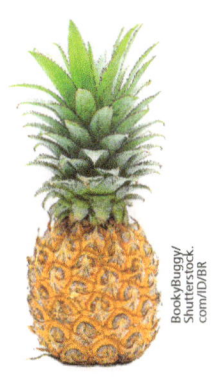

ARTUR

EDILENE

IRACEMA

OTÁVIO

ÚRSULA

4. LEIA OS DOIS NOMES A SEGUIR.

RENATA

RENATO

A. CIRCULE O QUE É DIFERENTE NESSES NOMES.

B. COPIE, ABAIXO DE CADA FOTO, O NOME CORRESPONDENTE.

5. TRANSFORME OS NOMES MASCULINOS EM NOMES FEMININOS.

PAULO ⟶

ROBERTO ⟶

MÁRCIO ⟶

BRUNO ⟶

60 SESSENTA

POR DENTRO DO TEMA

DIREITOS DA CRIANÇA E DO ADOLESCENTE

O DIREITO DE TER UM NOME

TODAS AS PESSOAS QUE VOCÊ CONHECE TÊM UM NOME. ESSE É UM DIREITO QUE TODOS TÊM. É ELE QUE NOS IDENTIFICA PARA TODA A NOSSA VIDA.

NORMALMENTE, NOSSO NOME É ESCOLHIDO POR NOSSOS PAIS OU RESPONSÁVEIS.

AO NASCERMOS, ELES DEVEM NOS REGISTRAR, ISTO É, FAZER A NOSSA CERTIDÃO DE NASCIMENTO. ESSE DOCUMENTO É UM DIREITO DE TODO CIDADÃO. NELE FICAM REGISTRADOS O NOME, A DATA DE NASCIMENTO, ENTRE OUTRAS INFORMAÇÕES PESSOAIS.

DIREITO À CIDADANIA

LOGO QUE NASCE, A CRIANÇA TEM DIREITO A GANHAR UM **NOME**...

... E A RECEBER UMA **NACIONALIDADE**.

QUER DIZER, SE ELA NASCEU NO BRASIL, É BRASILEIRA.

MINI LAROUSSE DOS DIREITOS DAS CRIANÇAS, DE SILVANA SALERNO. SÃO PAULO: LAROUSSE DO BRASIL, 2005. P. 20.

A. QUEM ESCOLHEU O SEU NOME? POR QUE ESSA PESSOA ESCOLHEU ESSE NOME PARA VOCÊ?

B. QUAL É A SUA NACIONALIDADE?

DICA PESQUISE ESSAS INFORMAÇÕES COM SEUS PAIS OU RESPONSÁVEIS.

OLÍVIA

PRODUÇÃO ESCRITA

PRODUZIR CALENDÁRIO DE ANIVERSÁRIOS DA TURMA

VEJA UM CALENDÁRIO DE ANIVERSÁRIOS DE UMA TURMA.

Calendário de Aniversários do 1º ano

Janeiro
- 15 - Lucas
- 20 - Sebastião

Fevereiro
- 02 - Davi
- 18 - Ingrid
- 20 - Antônio

Março
- 01 - Iara
- 12 - Leonan

Abril
- 04 - Aline
- 05 - Ana Paula
- 24 - Vítor

Maio
- 07 - Cíntia
- 22 - Guilherme

Junho
- 21 - Ana Beatriz
- 23 - Tiago

Julho
- 02 - Gabriel
- 09 - Isabela
- 30 - Artur

Agosto
- 10 - Maria Eduarda
- 19 - Eduardo

Setembro
- 01 - Mateus
- 30 - Beatriz

Outubro
- 04 - Giovana
- 13 - Rafaela

Novembro
- 08 - Felipe
- 29 - Maria Luiza
- 29 - Manuela

Dezembro
- 03 - Mariana
- 15 - Enzo
- 29 - Professora Alessandra

José Vitor Elorza

AGORA, QUE TAL ORGANIZAR O CALENDÁRIO PARA QUE VOCÊS POSSAM CONSULTÁ-LO E PARABENIZAR UNS AOS OUTROS?

PLANEJEM

- FORME DUPLA COM UM COLEGA E ESCREVA EM UMA TIRA DE PAPEL O NOME DELE, O DIA E O MÊS EM QUE ELE FAZ ANIVERSÁRIO.

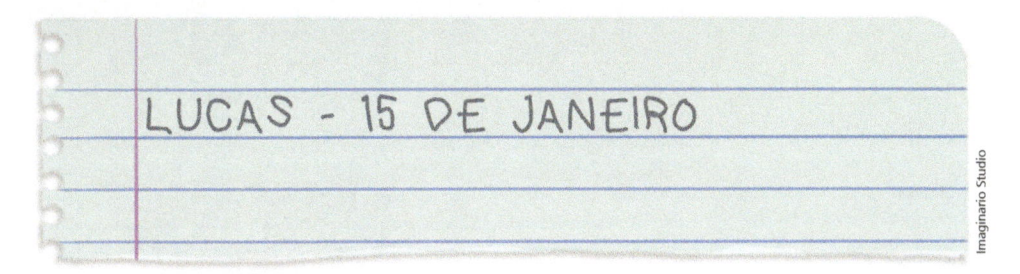

LUCAS - 15 DE JANEIRO

ESCREVAM

- JUNTEM AS TIRAS CONFORME O MÊS DE ANIVERSÁRIO.
- EM CADA MÊS, COLOQUEM OS ANIVERSARIANTES NA SEQUÊNCIA DOS DIAS.
- COLOQUEM O ANIVERSÁRIO DO PROFESSOR TAMBÉM.

REVISEM

FINALIZADO O RASCUNHO DO CALENDÁRIO, VERIFIQUEM SE:

- TODOS OS NOMES FORAM COLOCADOS;
- OS NOMES E AS DATAS DE ANIVERSÁRIO ESTÃO CORRETOS;
- OS MESES E OS DIAS ESTÃO NA SEQUÊNCIA CORRETA.

REESCREVAM

COM A AJUDA DO PROFESSOR, PASSEM O CALENDÁRIO A LIMPO EM UMA CARTOLINA.

AVALIEM

	SIM	NÃO
ESCREVEMOS CORRETAMENTE O NOME DO COLEGA, O DIA E O MÊS DO ANIVERSÁRIO DELE?		
AJUDAMOS O PROFESSOR A PRODUZIR O CALENDÁRIO DE ANIVERSÁRIOS DA TURMA?		

PONTO DE CHEGADA

1. CADA PESSOA TEM UM **NOME**, QUE É FORMADO POR **LETRAS**. ESCREVA QUANTAS LETRAS CADA NOME A SEGUIR POSSUI.

CAIO ○   OLÍVIA ○

MARIA ○   RICARDO ○

2. ALGUMAS LETRAS DO ALFABETO SÃO CHAMADAS DE **VOGAIS**. COMPLETE OS NOMES A SEGUIR COM AS VOGAIS QUE FALTAM.

A___G___ST___

M___N___QU___

___P___REC___D___

B___NED___T___

UNIDADE 3

QUER BRINCAR?

UM DIA DE BRINCADEIRAS, DA SÉRIE MEMÓRIAS DE INFÂNCIA, DE RICARDO FERRARI. ÓLEO SOBRE TELA, 120 CM × 70 CM. 2008.

PONTO DE PARTIDA

1. FALE O NOME DOS BRINQUEDOS E DAS BRINCADEIRAS RETRATADOS NESSA PINTURA.

2. EM SUA OPINIÃO, POR QUE O ARTISTA ESCOLHEU REPRESENTAR ESSES BRINQUEDOS E ESSAS BRINCADEIRAS?

3. CONTE AOS COLEGAS SE VOCÊ JÁ BRINCOU DE ALGUMA DESSAS BRINCADEIRAS.

SESSENTA E CINCO **65**

LENDO UM TRECHO DE REPORTAGEM

OUÇA A LEITURA DO TEXTO A SEGUIR E CONHEÇA UM POUCO SOBRE BRINCADEIRAS DAS CRIANÇAS INDÍGENAS BRASILEIRAS.

HTTP://PIBMIRIM.SOCIOAMBIENTAL.ORG/COMO-VIVEM/BRINCADEIRAS

BRINCADEIRAS

[...]

OS ÍNDIOS POSSUEM MUITOS JOGOS E BRINCADEIRAS. ALGUNS SÃO BASTANTE CONHECIDOS POR VÁRIOS POVOS INDÍGENAS E OUTROS TAMBÉM SÃO COMUNS ENTRE OS NÃO ÍNDIOS, COMO A PETECA E A PERNA DE PAU. JÁ OUTROS SÃO CURIOSOS E ORIGINAIS. EXISTEM BRINCADEIRAS QUE SÓ AS CRIANÇAS JOGAM, OUTRAS QUE OS ADULTOS JOGAM JUNTO E ASSIM ENSINAM AS MELHORES TÉCNICAS PARA QUEM QUISER VIRAR UM CRAQUE! TEM BRINCADEIRAS SÓ DE MENINO, OUTRAS SÓ DE MENINA.

CRIANÇAS INDÍGENAS BRINCANDO COM PETECA NA TRIBO GUARANI MBYA, NO DISTRITO DE PARELHEIROS, SÃO PAULO, EM 2009.

ORIGINAIS: NOVOS, NÃO COPIADOS DE MODELOS JÁ EXISTENTES
TÉCNICAS: MANEIRAS DE REALIZAR UMA ATIVIDADE

HTTP://PIBMIRIM.SOCIOAMBIENTAL.ORG/COMO-VIVEM/BRINCADEIRAS

EXISTEM ALGUMAS QUE, ANTES DO JOGO COMEÇAR, É PRECISO CONSTRUIR O BRINQUEDO! BOM, NESSE CASO, É NECESSÁRIO IR ATÉ A MATA, ACHAR O MATERIAL CERTO, APRENDER A FAZER O BRINQUEDO E, SÓ ENTÃO, COMEÇAR A BRINCAR. MAS ISSO NÃO É UM PROBLEMA, POIS CONSTRUIR O BRINQUEDO TAMBÉM FAZ PARTE DA BRINCADEIRA!
[...]

BONECOS DE CERÂMICA FEITOS PELOS INDÍGENAS KARAJÁ, NO VALE DO ARAGUAIA, MATO GROSSO.

BRINCADEIRAS. SITE POVOS INDÍGENAS NO BRASIL MIRIM - INSTITUTO SOCIOAMBIENTAL. DISPONÍVEL EM: <HTTP://PIBMIRIM.SOCIOAMBIENTAL.ORG/COMO-VIVEM/BRINCADEIRAS>. ACESSO EM: 1º SET. 2017.

POVOS INDÍGENAS NO BRASIL MIRIM É UM SITE VOLTADO AO PÚBLICO INFANTOJUVENIL QUE TEM COMO OBJETIVO MOSTRAR QUEM SÃO, ONDE VIVEM E COMO VIVEM AS COMUNIDADES INDÍGENAS BRASILEIRAS.

PÁGINA INICIAL DO SITE POVOS INDÍGENAS NO BRASIL MIRIM.

ESTUDANDO O TEXTO

1. AS PESSOAS QUE APARECEM NO TRECHO DE REPORTAGEM LIDO SÃO REAIS OU INVENTADAS?

2. QUEM SÃO ESSAS PESSOAS?

3. ONDE ESSA REPORTAGEM FOI PUBLICADA?

4. CIRCULE A IMAGEM DOS DOIS BRINQUEDOS CITADOS NO TEXTO.

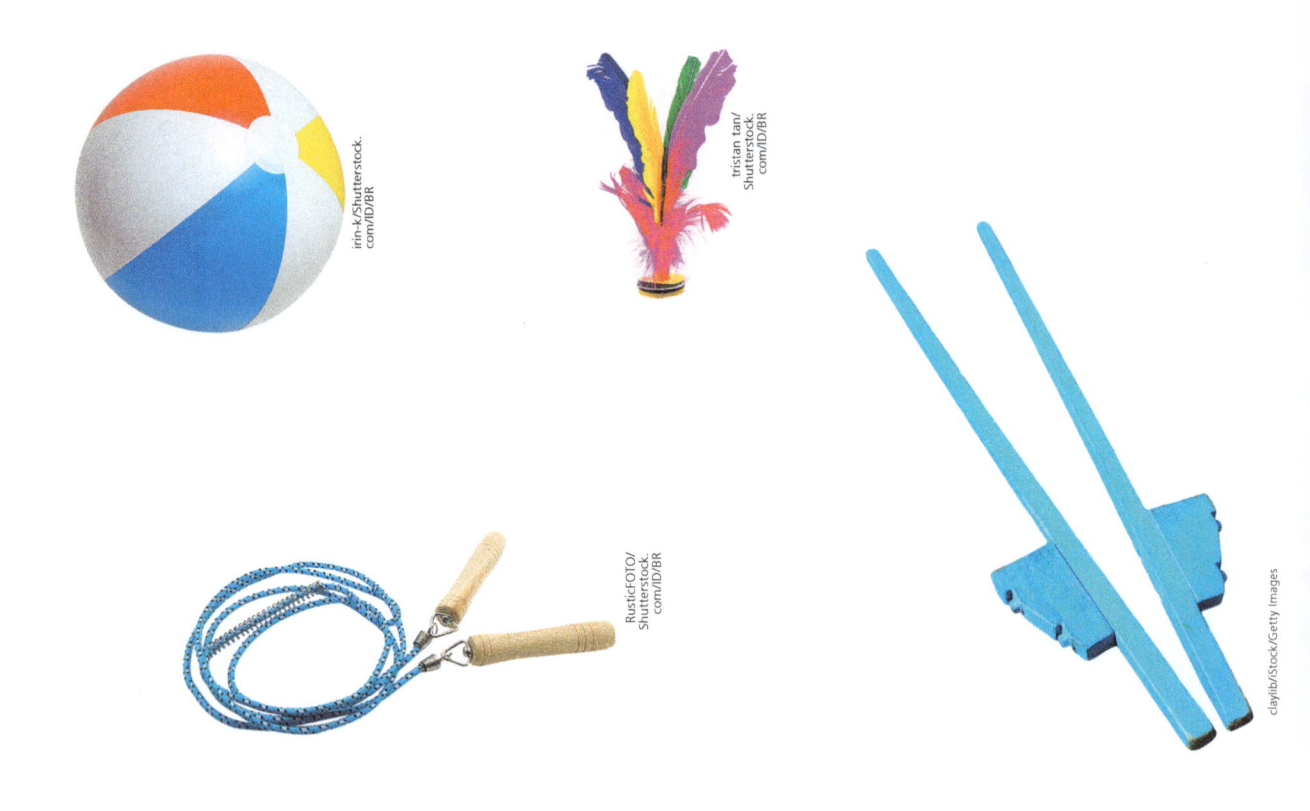

- VOCÊ JÁ CONHECIA ESSES BRINQUEDOS? JÁ BRINCOU COM ELES?

5. DE ACORDO COM A REPORTAGEM LIDA, NA CULTURA INDÍGENA:

○ AS CRIANÇAS SEMPRE BRINCAM SOZINHAS.

○ EXISTEM BRINCADEIRAS SÓ DE CRIANÇAS E OUTRAS QUE OS ADULTOS JOGAM JUNTO.

68 SESSENTA E OITO

6. O QUE OS POVOS INDÍGENAS PRECISAM FAZER PARA CONSTRUIR UM BRINQUEDO?

7. ORGANIZE COM OS COLEGAS UMA LISTA COM CINCO BRINCADEIRAS DIFERENTES.

BRINCADEIRAS
1
2
3
4
5

APRENDA MAIS!

RENATA MEIRELLES E DAVID REEKS SÃO JORNALISTAS. ELES VIAJARAM COM OS FILHOS PELO PAÍS PARA CONHECER AS BRINCADEIRAS DAS DIFERENTES REGIÕES DO BRASIL. FOTOGRAFARAM E FILMARAM TUDO O QUE VIRAM. ESSAS IMAGENS PODEM SER VISTAS NO *SITE TERRITÓRIO DO BRINCAR*.

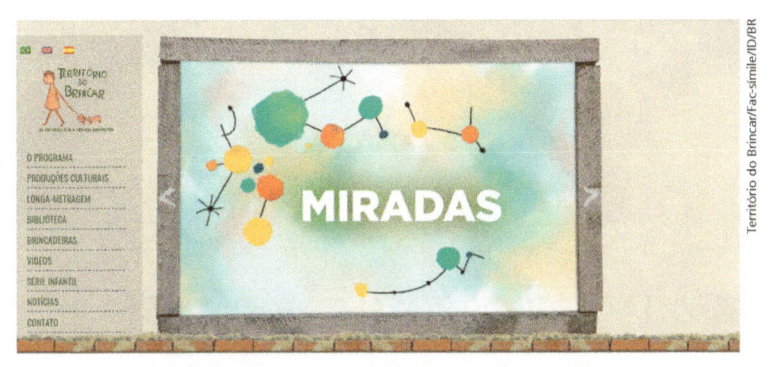

<HTTP://TERRITORIODOBRINCAR.COM.BR/>

ACESSO EM: 24 JAN. 2020.

COMO SE ESCREVE?

A LETRA B

1. VOCÊ SABE O NOME DOS BRINQUEDOS ARTESANAIS ABAIXO?

QUAL É A PRIMEIRA LETRA DOS NOMES DESSES BRINQUEDOS?

2. ESCREVA O NOME DE OUTRO BRINQUEDO INICIADO PELA LETRA **B**.

3. NA TURMA, QUAL NOME COMEÇA COM ESSA MESMA LETRA?

70 SETENTA

PRATIQUE E APRENDA

1. COMPLETE AS PALAVRAS A SEGUIR COM **BA**, **BE**, **BI**, **BO** OU **BU**.

_____LICHE   _____CICLETA   _____ZINA

_____TERIA   _____NÉ   _____XIGA

2. PROCURE NO QUADRO A SEGUIR O NOME DE CADA ELEMENTO E ESCREVA-O ABAIXO DA IMAGEM CORRESPONDENTE.

BOLA • BOLO • BALA

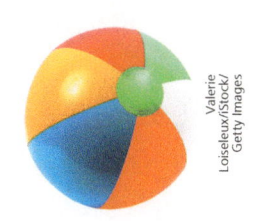

_____   _____   _____

SETENTA E UM **71**

LENDO UMA HISTÓRIA POR IMAGEM

OBSERVE OS TRÊS QUADROS ABAIXO. O QUE VOCÊ IMAGINA QUE VAI ACONTECER NESTA HISTÓRIA?

VAMOS LER O TEXTO TODO E DESCOBRIR.

PATINETE

PATINETE, DE EVA FURNARI. EM: *BRUXINHA ZUZU*. SÃO PAULO: MODERNA, 2010. P. 4-5.

A HISTÓRIA QUE VOCÊ LEU FOI TIRADA DO LIVRO *BRUXINHA ZUZU*, DA ESCRITORA E ILUSTRADORA EVA FURNARI. ELA NASCEU NA ITÁLIA, EM 1948, MAS VIVE NO BRASIL DESDE CRIANÇA. NESSE LIVRO, A PERSONAGEM FAZ OUTRAS MÁGICAS MUITO ATRAPALHADAS E DIVERTIDAS.

CAPA DO LIVRO *BRUXINHA ZUZU*, DE EVA FURNARI.

ESTUDANDO O TEXTO

1. ACONTECEU NA HISTÓRIA AQUILO QUE VOCÊ IMAGINOU?

2. O QUE VOCÊ ACHOU DO TEXTO "PATINETE"?

3. CIRCULE ABAIXO OS PERSONAGENS DESSA HISTÓRIA.

| PRINCESA | COELHO | FADA |
| BRUXINHA | SAPO | GATO |

4. ESCREVA O NOME DO BRINQUEDO DA HISTÓRIA.

74 SETENTA E QUATRO

5. ESCREVA O NOME DO OBJETO QUE A BRUXINHA USOU PARA FAZER ESSA MÁGICA.

◯

6. A HISTÓRIA "PATINETE" É FORMADA POR QUANTOS QUADROS? ◯

7. A LEITURA DESSES QUADROS DEVE SER FEITA:

◯ EM QUALQUER ORDEM.

◯ DE CIMA PARA BAIXO.

8. ESCREVA O NÚMERO DO QUADRO EM QUE APARECE CADA UM DOS ACONTECIMENTOS ABAIXO.

◯ A BRUXINHA ESTÁ SENTADA QUANDO VÊ UM COELHO.

◯ ELA USA A VARINHA PARA FAZER A MÁGICA.

◯ A BRUXINHA SOBE NO PATINETE.

◯ O COELHO VIRA UM PATINETE.

◯ ELA SE LEVANTA PARA FAZER UMA MÁGICA.

◯ O PATINETE COMEÇA A SALTITAR IGUAL A UM COELHO.

COMO SE ESCREVE?

A LETRA P

1. CIRCULE O NOME DO BRINQUEDO EM QUE O COELHO FOI TRANSFORMADO.

| BICICLETA | PATINETE | BOLA |

2. QUAL É A PRIMEIRA LETRA DA PALAVRA QUE VOCÊ CIRCULOU?

3. NA TURMA, QUAL NOME COMEÇA COM ESSA MESMA LETRA?

4. CIRCULE AS IMAGENS CUJO NOME COMEÇA COM **PA**, COMO EM **PATINETE**.

PRATIQUE E APRENDA

1. CIRCULE O NOME DE CADA IMAGEM.

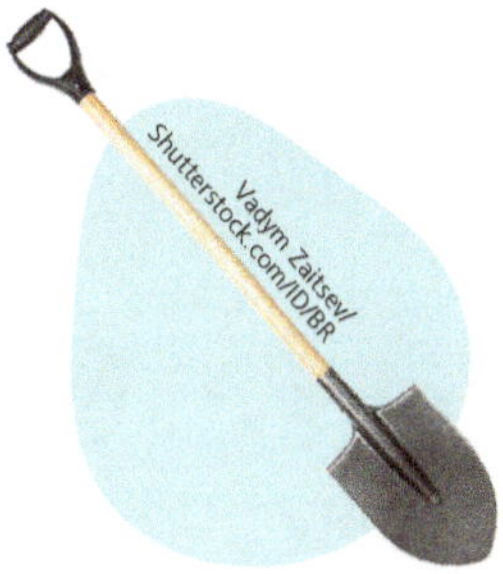

PICADA
PIPOCA
PANELA

PIÃO
PIANO
PANO

PIA
PÉ
PÁ

2. COMPLETE AS PALAVRAS A SEGUIR COM PA, PE, PI, PO OU PU.

SA_____TO

CA_____VARA

_____RU

_____ÇO

_____DIM

A_____TO

SETENTA E SETE **77**

3. LEIA A TIRINHA ABAIXO.

PIPA, DE JEAN GALVÃO. *TIROLETAS*. DISPONÍVEL EM: <HTTPS://TIROLETAS.WORDPRESS.COM/>. ACESSO EM: 19 OUT. 2017.

A. ESCREVA O NOME DO BRINQUEDO QUE APARECE NA TIRINHA.

B. VOCÊ SABIA QUE, DEPENDENDO DA REGIÃO DO BRASIL, ESSE BRINQUEDO RECEBE DIFERENTES NOMES?

CIRCULE O NOME QUE ESSE BRINQUEDO RECEBE NA REGIÃO ONDE VOCÊ MORA.

PAPAGAIO	CORUJA	ARRAIA
PANDORGA	AVIÃO	CURICA
MORCEGO	RAIA	QUADRADO

78 SETENTA E OITO

LENDO INSTRUÇÕES DE MONTAGEM

VOCÊ CONHECE O BRINQUEDO TELEFONE DE FIO? EM SUA OPINIÃO, O QUE É PRECISO PARA PRODUZIR UM?

VAMOS CONHECER UMA POSSIBILIDADE LENDO O TEXTO A SEGUIR.

TELEFONE DE FIO

MATERIAIS NECESSÁRIOS:

- DUAS EMBALAGENS DE IOGURTE VAZIAS
- CINCO METROS DE BARBANTE
- UM PREGO FINO
- DOIS PALITOS DE FÓSFORO

MATERIAIS NECESSÁRIOS PARA A PRODUÇÃO DO TELEFONE DE FIO.

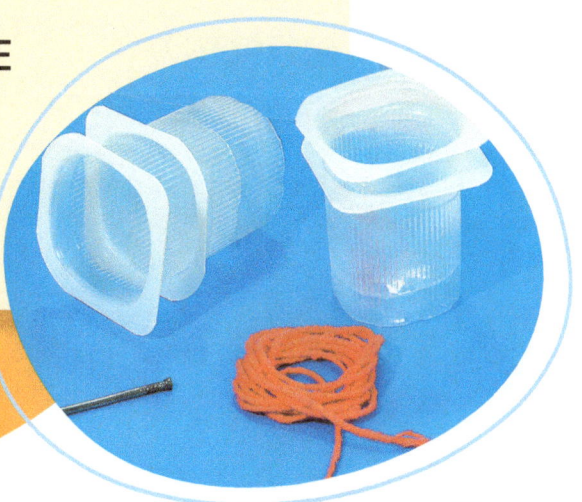

MODO DE FAZER:

1. PEÇA PARA UM ADULTO FURAR O FUNDO DAS EMBALAGENS USANDO O PREGO. O BURACO DEVE SER SUFICIENTE PARA PASSAR O BARBANTE. NÃO O FAÇA MUITO GRANDE.

PRIMEIRO PASSO DA ATIVIDADE SENDO REALIZADO.

Fotos: José Vitor Elorza/ASC Imagens

SETENTA E NOVE **79**

2. PASSE O BARBANTE PELOS FUROS, FAZENDO UM NÓ COM O PALITO DE FÓSFORO EM CADA PONTA PARA PRENDÊ-LO.

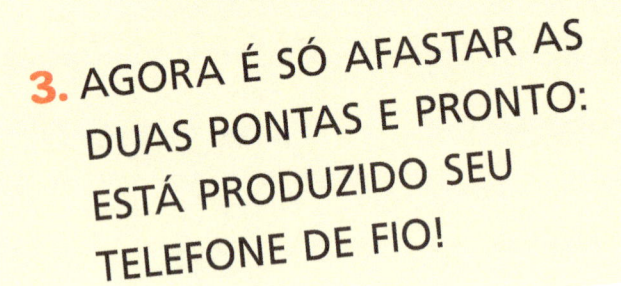

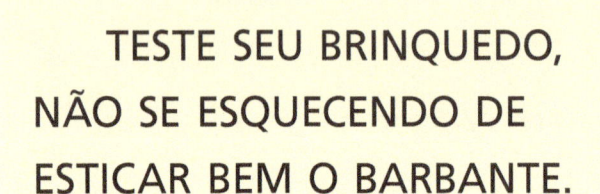

SEGUNDO PASSO DA ATIVIDADE SENDO REALIZADO.

3. AGORA É SÓ AFASTAR AS DUAS PONTAS E PRONTO: ESTÁ PRODUZIDO SEU TELEFONE DE FIO!

TESTE SEU BRINQUEDO, NÃO SE ESQUECENDO DE ESTICAR BEM O BARBANTE.

ESSE BRINQUEDO TAMBÉM PODE SER FEITO COM LATAS DE CONSERVA, COMO NA FOTO.

TELEFONE DE FIO, DE RICARDO DALAI. *PEQUENAS RETICÊNCIAS...* DISPONÍVEL EM: <HTTPS://RICARDODALAI.WORDPRESS.COM/2013/12/11/TELEFONE-DE-FIO/>. ACESSO EM: 8 SET. 2017.

ESTUDANDO O TEXTO

1. VOCÊ CONSEGUIU ENTENDER COMO O TELEFONE DE FIO É PRODUZIDO?

2. CONVERSE COM SEUS COLEGAS SOBRE A IMPORTÂNCIA DAS IMAGENS EM UM TEXTO COMO ESSE.

3. SUBLINHE, NO TEXTO, O TÍTULO.

4. O OBJETIVO DO TEXTO LIDO É:

◯ DIVERTIR O LEITOR.

◯ ENSINAR A FAZER ALGO.

5. LIGUE CADA PARTE DO TEXTO AO QUE ELA APRESENTA.

| MATERIAIS NECESSÁRIOS | É A PARTE QUE ENSINA, PASSO A PASSO, COMO PRODUZIR O BRINQUEDO. |
| MODO DE FAZER | É A PARTE QUE INDICA OS MATERIAIS NECESSÁRIOS PARA A CONFECÇÃO DO BRINQUEDO. |

6. ESCREVA PALAVRAS DO TEXTO QUE INDICAM AÇÕES A SEREM PRATICADAS.

OITENTA E UM **81**

7. LIGUE A IMAGEM DO MATERIAL AO NOME DELE.

BARBANTE

PREGO

EMBALAGENS DE IOGURTE

COLA

PALITO DE FÓSFORO

LÁPIS

BORRACHA

- AGORA, PINTE APENAS OS ESPAÇOS COM OS NOMES DE MATERIAIS UTILIZADOS NA CONFECÇÃO DO TELEFONE DE FIO.

PARA FAZER JUNTOS!

O QUE VOCÊ ACHA DE CONFECCIONAR SEU PRÓPRIO TELEFONE DE FIO? O PROFESSOR VAI MARCAR UMA DATA PARA REALIZAR ESSA ATIVIDADE.

O BRINQUEDO PODE SER FEITO EM DUPLAS, DE MODO QUE UM AJUDE O OUTRO.

COMO SE ESCREVE?

A LETRA T

1. OBSERVE AS IMAGENS ABAIXO.

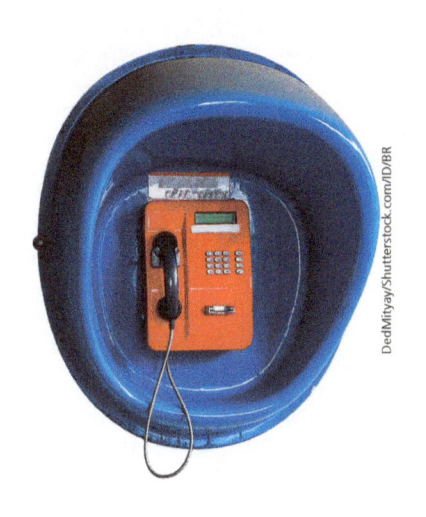

ESCREVA O NOME QUE TODOS ESSES OBJETOS RECEBEM.

2. QUAL É A PRIMEIRA LETRA DO NOME DESSES OBJETOS?

3. NA TURMA, QUAL NOME COMEÇA COM ESSA MESMA LETRA?

PRATIQUE E APRENDA

1. LEIA O TRAVA-LÍNGUA ABAIXO.

— ALÔ, O TATU TAÍ?
— NÃO, O TATU NUM TÁ,
MAS O TIO DO TATU TÁ.
E QUANDO O TIO DO TATU
TÁ E O TATU NÃO TÁ,
É O MESMO QUE O TATU TÁ. TÁ?

TRAVA-LÍNGUA POPULAR.

A. CIRCULE, NO TRAVA-LÍNGUA, A PALAVRA **TATU** TODA VEZ QUE ELA APARECE.

B. CIRCULE, NAS PALAVRAS ABAIXO, A PARTE IGUAL À **TA**, DE **TATU**.

TAPETE **LATA**

84 OITENTA E QUATRO

2. COMPLETE AS PALAVRAS A SEGUIR COM TA, TE, TI, TO OU TU.

RINOCERON_____   TA_____   GA_____

_____MANDUÁ   JABU_____   _____CANO

3. NO NOME DE QUAIS DESSES ANIMAIS DE BRINQUEDO TAMBÉM HÁ A LETRA T? CIRCULE-OS.

LÁ VEM CONTO

O GATO DESTA HISTÓRIA SE DESCUIDOU E PERDEU UMA PARTE MUITO IMPORTANTE DE SEU CORPO, O RABO. ELE PRECISOU DE MUITO ESFORÇO E ESPERTEZA PARA RECUPERAR ESSA PARTE DO CORPO. O QUE SERÁ QUE ELE FEZ PARA CONSEGUIR ISSO?

OITENTA E CINCO **85**

PRODUÇÃO ORAL

BRINCAR DE CONVERSA TELEFÔNICA

VAMOS BRINCAR DE CONVERSA TELEFÔNICA?

PLANEJEM

- DECIDAM QUEM VAI "LIGAR" PARA QUEM.
- PENSEM NO ASSUNTO DA CONVERSA.

A EXPLICAÇÃO DE ALGUMA TAREFA	UM PASSEIO
A VISITA DE UM COLEGA	UM RECADO A SER DADO AO PROFESSOR

REALIZEM

PARA REALIZAR ESTA ATIVIDADE, LEMBREM-SE DE:

- INICIAR A CONVERSA COM UM CUMPRIMENTO, OU SEJA, DIGA "ALÔ", "OI" OU "OLÁ";
- APRESENTAR-SE, JÁ QUE A OUTRA PESSOA NÃO VÊ QUEM ESTÁ AO TELEFONE, APENAS ESCUTA;
- FALAR DE MANEIRA CLARA;
- ESPERAR O AMIGO TERMINAR DE FALAR PARA SÓ ENTÃO RESPONDER;
- DESPEDIR-SE AO TERMINAR A CONVERSA.

VEJAM UM EXEMPLO DE TRECHO DE CONVERSA UTILIZANDO O TELEFONE DE FIO.

- ALÔ, BIA? AQUI É A RENATA! TUDO BEM?
- OI, RENATA! TUDO BEM!
- A GENTE PRECISA COMBINAR COMO VAI PARA O ANIVERSÁRIO DO PEDRO. SERÁ QUE A SUA MÃE PODE LEVAR A GENTE?
- VOU PERGUNTAR PARA ELA E TE AVISO, TÁ?
- BELEZA! VOU ESPERAR A SUA LIGAÇÃO. BEIJOS E ATÉ MAIS TARDE!
- TCHAU! ATÉ MAIS!

AVALIEM

	SIM	NÃO
INICIAMOS A CONVERSA COM UM CUMPRIMENTO E NOS DESPEDIMOS AO TERMINAR A CONVERSA?		
ENTENDEMOS O QUE O COLEGA DISSE?		
FALAMOS DE MANEIRA CLARA?		

PRODUÇÃO ESCRITA

PRODUZIR AGENDA DE TELEFONES DA TURMA

AGORA, VAMOS PRODUZIR UMA AGENDA TELEFÔNICA COM O NOME E O TELEFONE DE CADA UM DOS COLEGAS.

PLANEJE

- SEPARE UM CADERNO PARA MONTAR SUA **AGENDA DE TELEFONES DA TURMA**.

- NO CANTO SUPERIOR DIREITO DE CADA UMA DAS PÁGINAS DO CADERNO, ESCREVA UMA LETRA, SEGUINDO A ORDEM ALFABÉTICA.

- DEPOIS, CADA UM VAI DIZER SEU NÚMERO DE TELEFONE E O PROFESSOR VAI ANOTÁ-LO NA LOUSA PARA QUE TODOS POSSAM COPIAR.

ANA 5052 0145
BERNARDO 5241 0288
DANIELA 5963 2214
DANTE 5001 7040
EMANUEL 4558 2565
MARIANA 5314 7400

ESCREVA

- EM UM RASCUNHO, COPIE O NOME DE CADA UM DOS COLEGAS. LEMBRE-SE DE ORGANIZÁ-LOS EM ORDEM ALFABÉTICA.

- ESCREVA O NÚMERO DO TELEFONE DO COLEGA NA MESMA LINHA EM QUE VOCÊ ESCREVEU O NOME DELE.

REVISE

- VERIFIQUE SE VOCÊ ESCREVEU CORRETAMENTE OS NOMES E OS NÚMEROS DE TELEFONE DE TODOS OS COLEGAS DA TURMA.

REESCREVA

- COPIE CADA UM DOS NOMES DOS COLEGAS NA PÁGINA CORRESPONDENTE À PRIMEIRA LETRA DO NOME.

- INDIQUE O NÚMERO DE TELEFONE DE CADA COLEGA NA FRENTE DO NOME DELE.

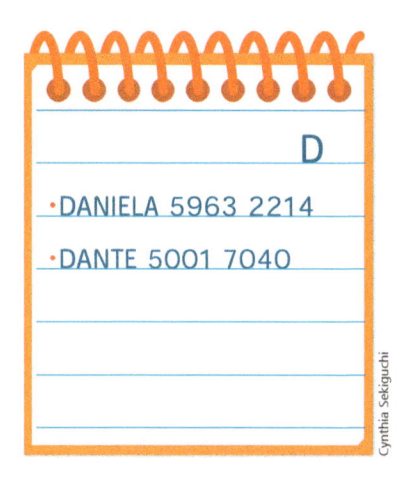

D
- DANIELA 5963 2214
- DANTE 5001 7040

- CRIE UMA CAPA PARA SUA AGENDA TELEFÔNICA. FAÇA UM DESENHO NELA E ESCREVA SEU NOME.

AGENDA TELEFÔNICA
LARISSA

AVALIE

	SIM	NÃO
ESCREVI OS NOMES DOS COLEGAS CORRETAMENTE?		
ORGANIZEI MINHA AGENDA DE TELEFONES DA TURMA EM ORDEM ALFABÉTICA?		

PONTO DE CHEGADA

1. COMPLETE AS PALAVRAS A SEGUIR COM A LETRA QUE ESTÁ FALTANDO.

_____ OLA   _____ EXIGA   _____ ICICLETA

2. COMPLETE AS PALAVRAS A SEGUIR COM **PA**, **PE** OU **PI**.

_____ GAIO   _____ TECA   _____ ÃO

3. COMPLETE O NOME DE CADA UMA DAS IMAGENS A SEGUIR.

_____ UCANO   _____ OMA _____ E   _____ AMBOR

90 NOVENTA

UNIDADE

4 É PIQUE! É PIQUE!

PONTO DE PARTIDA

1. O QUE ESTA FOTO ESTÁ RETRATANDO?

2. VOCÊ JÁ PARTICIPOU DE UM ANIVERSÁRIO? CONTE COMO FOI.

LENDO UM POEMA

ESCUTE A LEITURA QUE O PROFESSOR VAI FAZER E DESCUBRA O QUE ACONTECEU EM UMA FESTA DE ANIVERSÁRIO.

ANA

ANIVERSÁRIO DA ANA.
TUDO ENFEITADO, BONITO.
AS BEXIGAS COLORIDAS,
BRINCADEIRAS DIVERTIDAS.

HORA DO PARABÉNS.
VELAS ACESAS.
SEIS ANINHOS.
O LUÍS, PRIMO DANADO,
ASSOPROU A VELA PRIMEIRO.
ANA APRONTA O MAIOR BERREIRO:

— SAI TODO MUNDO DAQUI!!!
O ANIVERSÁRIO ACABOU!!!
— E O BOLO?
NINGUÉM PROVOU.

ANA, DE MARIA ELISA ALVES. EM: *DE BAMBOLÊ E PATINS*. ILUSTRAÇÕES ORIGINAIS DE CLÁUDIO MARTINS. SÃO PAULO: GERAÇÃO EDITORIAL, 2003. P. 10.

DANADO: TRAVESSO, ARTEIRO

O POEMA "ANA" FAZ PARTE DO LIVRO *DE BAMBOLÊ E PATINS*, ESCRITO POR MARIA ELISA ALVES E ILUSTRADO POR CLÁUDIO MARTINS. NESSE LIVRO, ENCONTRAMOS OUTROS POEMAS TÃO DIVERTIDOS QUANTO O DA PÁGINA ANTERIOR.

CAPA DO LIVRO *DE BAMBOLÊ E PATINS*, DE MARIA ELISA ALVES.

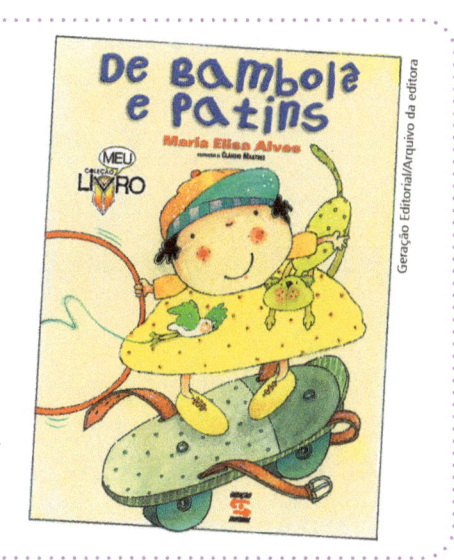

ESTUDANDO O TEXTO

1. O QUE MAIS CHAMOU SUA ATENÇÃO NESSE POEMA?

2. IDENTIFIQUE E PINTE NO POEMA O NOME DA ANIVERSARIANTE?

3. A SEGUNDA LINHA DO POEMA MOSTRA COMO ESTAVA O ANIVERSÁRIO. MARQUE UM **X** NA OPÇÃO CORRETA.

    ◯ MUITO BALÃO, UMA CONFUSÃO.

    ◯ TUDO ENFEITADO, BONITO.

4. PINTE A PALAVRA QUE FOI USADA NO TEXTO PARA MOSTRAR COMO ERAM AS BEXIGAS DO ANIVERSÁRIO.

| PRETAS | COLORIDAS |
| AMARELAS | BRANCAS |

5. AS BRINCADEIRAS ESTAVAM:

◯ CHATAS.   ◯ DIVERTIDAS.   ◯ ENGRAÇADAS.

6. ESCREVA QUANTOS ANOS A MENINA ESTAVA FAZENDO.

◯

7. COMPLETE O TRECHO A SEGUIR COM O QUE ACONTECEU NA HORA DO PARABÉNS.

LUÍS, PRIMO DANADO,

_____

8. SUBLINHE NO POEMA A FALA DE ANA.

9. POR QUE A FALA DA PERSONAGEM FOI ESCRITA COM LETRA MAIOR?

10. PINTE, COM A MESMA COR, OS BALÕES EM QUE AS PALAVRAS TERMINAM COM O MESMO SOM.

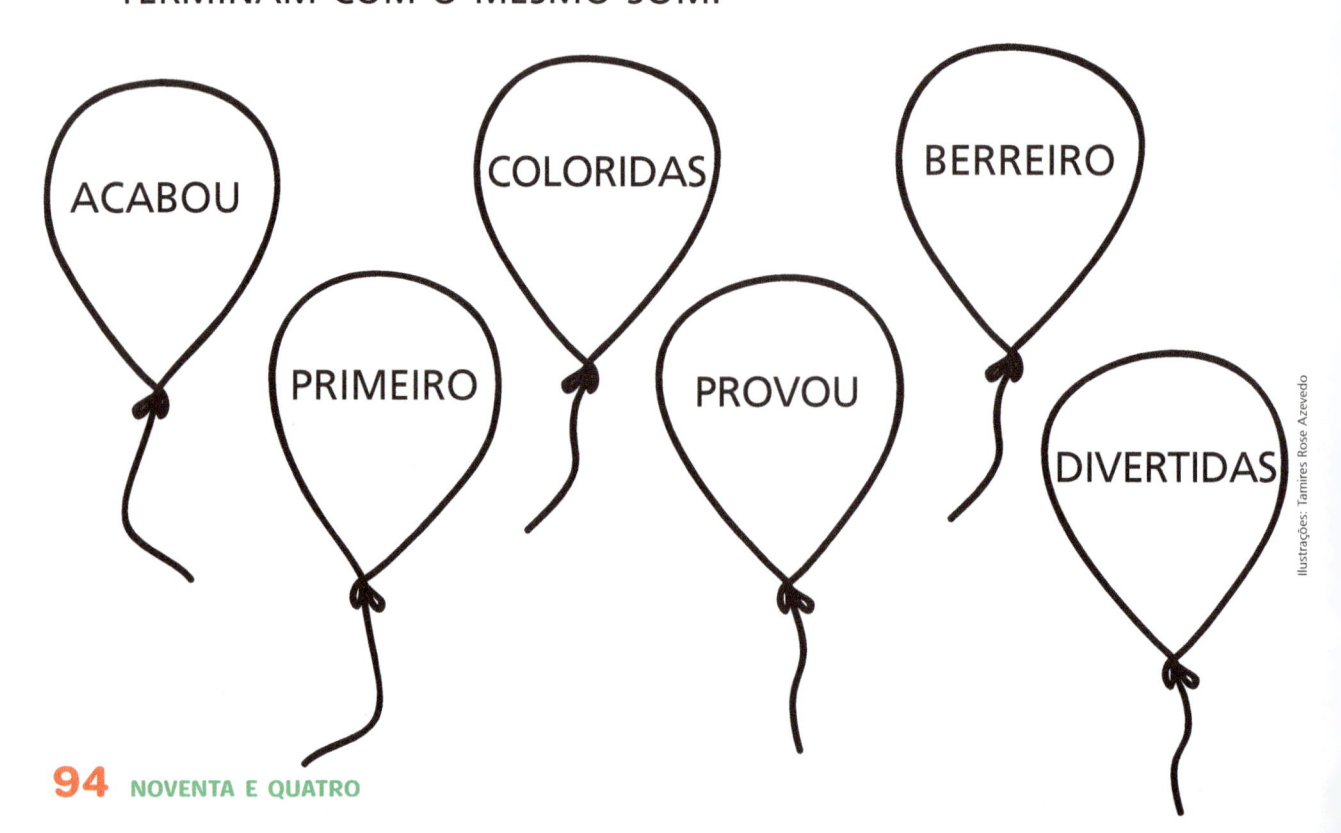

- ACABOU
- PRIMEIRO
- COLORIDAS
- PROVOU
- BERREIRO
- DIVERTIDAS

94 NOVENTA E QUATRO

11. O NOME **ANA** TAMBÉM PODE SER ENCONTRADO "DENTRO" DE OUTROS NOMES DE PESSOAS. CIRCULE-O NOS NOMES A SEGUIR.

JOANA   **MARIANA**   **ANALU**   **LUANA**

12. RELEIA UM TRECHO DO POEMA.

> AS BEXIGAS **COLORIDAS**,
> BRINCADEIRAS **DIVERTIDAS**.

QUE SENSAÇÃO AS PALAVRAS DESTACADAS PODEM CAUSAR NAS PESSOAS?

CANSAÇO   **TRISTEZA**   **ALEGRIA**

13. VOLTE À PÁGINA COM POEMA E COPIE AS SEGUINTES INFORMAÇÕES.

A. NOME DE QUEM ESCREVEU O POEMA.

_____

B. TÍTULO DO LIVRO EM QUE O POEMA FOI PUBLICADO.

_____

C. ANO EM QUE O LIVRO FOI PUBLICADO.

_____

LÁ VEM POEMA

O PROFESSOR VAI LER UM POEMA SOBRE OS DESEJOS DE ANIVERSÁRIO DE UMA MENINA. VAMOS ESCUTAR?

COMO SE ESCREVE?

A LETRA V

1. COM QUE LETRA COMEÇA O NOME DO OBJETO AO LADO? PINTE-A ABAIXO.

F C D V U L

2. QUAL NOME DA TURMA COMEÇA COM ESSA MESMA LETRA?

PRATIQUE E APRENDA

1. ESCREVA O NOME DE CADA UMA DAS IMAGENS ABAIXO.

UVA   LUVA   CAVEIRA   CADEIRA

96 NOVENTA E SEIS

2. FALE O NOME DE CADA UMA DESSAS IMAGENS.

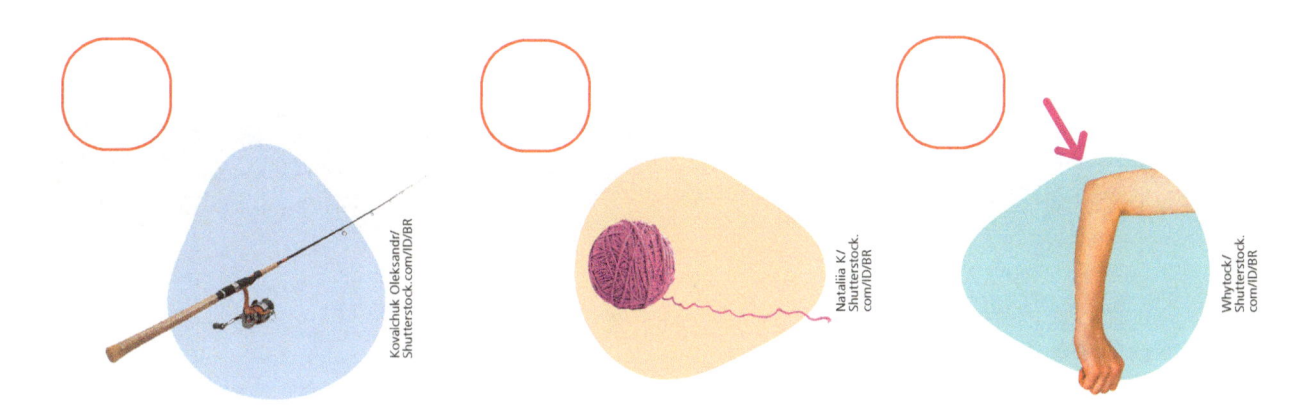

AO PRONUNCIÁ-LAS, EM QUANTAS PARTES CADA PALAVRA FOI DIVIDIDA? INFORME A QUANTIDADE NOS QUADRINHOS.

CADA UMA DAS PARTES DA PALAVRA PRONUNCIADA EM UMA EMISSÃO DE VOZ É CHAMADA DE **SÍLABA**.

3. PINTE OS QUADRINHOS QUE POSSUEM AS SÍLABAS QUE FORMAM O NOME DAS IMAGENS ABAIXO.

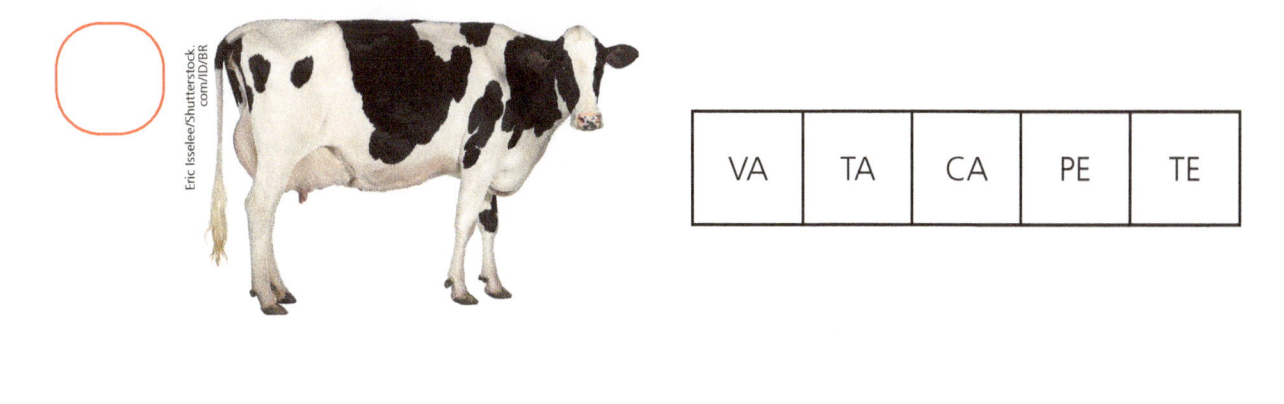

VA	TA	CA	PE	TE

ME	VA	SA	SO

- ESCREVA, NO QUADRINHO AO LADO DAS IMAGENS, QUANTAS SÍLABAS TEM O NOME DE CADA UMA DELAS.

4. ESCREVA O NOME DOS ANIMAIS ABAIXO COLOCANDO UMA SÍLABA EM CADA QUADRINHO.

5. ESCREVA O NOME DO ANIMAL QUE ESTÁ "FALANDO" EM CADA QUADRO A SEGUIR.

> **DICA**
> PESQUISE OS NOMES DOS ANIMAIS NA ATIVIDADE ANTERIOR.

— SOU UMA AVE GRANDE E CAÇADORA.
_____

— TENHO UMA LINDA CABELEIRA CHAMADA DE CRINA.
_____

— OS MACHOS DE NOSSA ESPÉCIE POSSUEM CHIFRES PARECIDOS COM GALHOS.
_____

PRODUÇÃO ORAL

RELATAR EXPERIÊNCIA PESSOAL

QUE TAL RELATAR UMA EXPERIÊNCIA ESPECIAL QUE VOCÊ VIVEU?

> **VAMOS COMPARTILHAR**
>
> COMPARTILHE COM AS PESSOAS A SEU REDOR EXPERIÊNCIAS POSITIVAS E BONS SENTIMENTOS.

PLANEJE

ESCOLHA UM ACONTECIMENTO INTERESSANTE PARA CONTAR AOS COLEGAS. PENSE QUANDO E ONDE ESSE FATO ACONTECEU, QUEM ESTAVA COM VOCÊ, O QUE ACONTECEU E COMO VOCÊ SE SENTIU.

REALIZE

- FALE DE FORMA CLARA E COM TOM DE VOZ ADEQUADO.
- EXPLIQUE OS ACONTECIMENTOS NA ORDEM EM QUE OCORRERAM.
- RESPONDA ÀS PERGUNTAS DOS COLEGAS, CASO TENHAM DÚVIDAS.

AVALIE

	SIM	NÃO
EXPLIQUEI QUANDO E ONDE TUDO ACONTECEU E QUEM ESTAVA COMIGO?		
RELATEI OS ACONTECIMENTOS COM CLAREZA E NA ORDEM EM QUE OCORRERAM?		

DIVIRTA-SE E APRENDA

ONDE ESTÁ?

VEJA QUE FESTA LEGAL!

100 CEM

1. SERÁ QUE VOCÊ CONSEGUE ENCONTRAR ALGUNS ELEMENTOS NESSA FESTA?

A. DUAS BEXIGAS CUJA COR TENHA A LETRA **V** EM SEU NOME.

B. UM INSTRUMENTO MUSICAL QUE CONTENHA A LETRA **V** NO NOME.

C. TRÊS OBJETOS QUE TENHAM UM NOME COM A LETRA **V**.

CENTO E UM **101**

LENDO UM CONVITE

VAMOS VER UMA DAS MANEIRAS DE CONVIDAR AS PESSOAS PARA UMA FESTA?

DE: MARINA
PARA: LUCAS
DIA: 07/05
HORA: 17 HORAS
LOCAL: RUA DOS GIRASSÓIS, Nº 85
TELEFONE: 4020-2004

Venha comemorar comigo meu aniversário. Conto com sua presença!

ESTUDANDO O TEXTO

1. O CONVITE QUE VOCÊ LEU É PARA QUE TIPO DE FESTA?

_____

2. PINTE DE VERDE O NOME DO ANIVERSARIANTE E DE AMARELO O NOME DO CONVIDADO.

| MARINA | LUCAS |

3. COPIE O HORÁRIO DA FESTA.

_____

4. CIRCULE A IMAGEM QUE REPRESENTA O NOME DA RUA EM QUE ACONTECERÁ A FESTA.

- AGORA, COPIE O ENDEREÇO ONDE ACONTECERÁ A FESTA.

_____

_____

5. PARA QUE SERVEM AS INFORMAÇÕES EM UM CONVITE?

6. SE NÃO ESTIVESSEM INDICADOS O HORÁRIO E O ENDEREÇO DA FESTA, O QUE PODERIA ACONTECER?

CENTO E TRÊS **103**

TROCANDO IDEIAS

FESTA É MUITO BOM, NÃO É MESMO? MAS DEVEMOS ESTAR ATENTOS A ALGUMAS REGRAS DE COMPORTAMENTO. VAMOS CONVERSAR SOBRE ELAS?

1. VOCÊ ACHA QUE É NECESSÁRIO AGRADECER À PESSOA QUE O CONVIDOU PARA UMA FESTA? POR QUÊ?

2. SE VOCÊ NÃO PUDER COMPARECER À FESTA, É PRECISO FAZER ALGO OU BASTA NÃO IR?

3. EM UMA FESTA, VOCÊ ESPERA SER SERVIDO OU SE SERVE ANTES?

4. AO TERMINAR DE COMER, O QUE VOCÊ FAZ COM OS PRATOS, COPOS E OUTROS MATERIAIS UTILIZADOS?

APRENDA MAIS!

NO LIVRO *JOÃO ESPERTO LEVA O PRESENTE CERTO*, DE CANDACE FLEMING, UM MENINO FOI CONVIDADO PARA O ANIVERSÁRIO DE UMA PRINCESA, MAS NÃO TINHA DINHEIRO PARA O PRESENTE. O QUE SERÁ QUE ELE FEZ?

JOÃO ESPERTO LEVA O PRESENTE CERTO, DE CANDACE FLEMING. ILUSTRAÇÕES DE G. BRIAN KARAS. 2. ED. SÃO PAULO: FAROL LITERÁRIO, 2016.

EM SEU ANIVERSÁRIO, TORRESMINHO RECEBE UM PRESENTE QUE TRANSFORMA SUA VIDA E A DE SUA FAMÍLIA. QUER SABER QUE PRESENTE FOI ESSE? ENTÃO LEIA O LIVRO *O PRESENTE DE ANIVERSÁRIO*, DE ELLEN PESTILI.

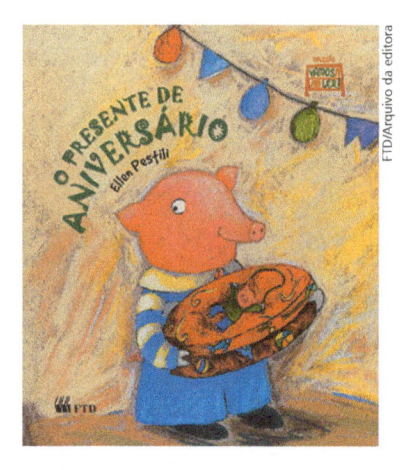

O PRESENTE DE ANIVERSÁRIO, DE ELLEN PESTILI. SÃO PAULO: FTD, 2006 (COLEÇÃO VAMOS LER!).

COMPARANDO TEXTOS

VOCÊ VIU UM CONVITE DE ANIVERSÁRIO. AGORA, CONHEÇA OUTROS TIPOS DE CONVITE.

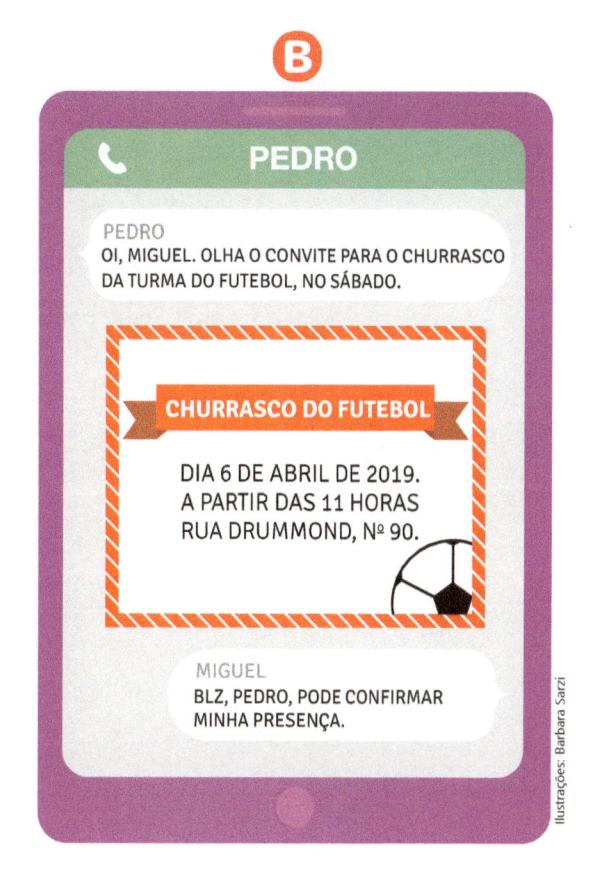

A

Chá de Bebê

QUERIDA JÉSSICA,
GOSTARIA DE CONVIDÁ-LA PARA O MEU CHÁ DE BEBÊ!

COM MUITO CARINHO,
LARISSA ROSA

7 DE ABRIL DE 2021,
ÀS 10 HORAS
NA RUA ORQUÍDEAS, Nº 1000.

B

PEDRO

PEDRO
OI, MIGUEL. OLHA O CONVITE PARA O CHURRASCO DA TURMA DO FUTEBOL, NO SÁBADO.

CHURRASCO DO FUTEBOL

DIA 6 DE ABRIL DE 2019.
A PARTIR DAS 11 HORAS
RUA DRUMMOND, Nº 90.

MIGUEL
BLZ, PEDRO, PODE CONFIRMAR MINHA PRESENÇA.

Ilustrações: Barbara Sarzi

1. QUEM ESTÁ ENVIANDO O CONVITE **A**?
2. QUEM ESTÁ RECEBENDO O CONVITE **B**?
3. DE QUE MANEIRA CADA UM DESSES CONVITES É ENVIADO?
4. QUAL DESSES CONVITES É ENVIADO DA MESMA MANEIRA QUE O CONVITE DA PÁGINA **102**?

   ( ) CONVITE **A**.   ( ) CONVITE **B**.

5. QUAL É O EVENTO DOS CONVITES ACIMA? ESCREVA NOS QUADRINHOS AS LETRAS DE CADA CONVITE.

   ( ) CHURRASCO.   ( ) CHÁ DE BEBÊ.

CENTO E CINCO **105**

COMO SE ESCREVE?

A LETRA D

1. O PROFESSOR VAI LER O TEXTO ABAIXO. ESCUTE COM ATENÇÃO.

> O DOCE PERGUNTOU PRO DOCE
> QUAL ERA O DOCE MAIS DOCE
> QUE O DOCE DE BATATA-DOCE.
> O DOCE RESPONDEU PRO DOCE
> QUE O DOCE MAIS DOCE QUE
> O DOCE DE BATATA-DOCE
> ERA O DOCE DE DOCE DE BATATA-DOCE.
>
> TRAVA-LÍNGUA POPULAR.

2. O QUE O DOCE PERGUNTOU PRO DOCE?

3. ESCREVA ABAIXO A PALAVRA QUE MAIS SE REPETE NESSE TRAVA-LÍNGUA.

A. SUBLINHE ESSA PALAVRA NO TEXTO TODA VEZ QUE ELA APARECER.

B. COPIE A PRIMEIRA LETRA DESSA PALAVRA.

4. QUAL NOME DA TURMA COMEÇA COM ESSA MESMA LETRA?

PRATIQUE E APRENDA

1. COMPLETE O NOME DOS DOCES ABAIXO COM **DA, DE, DI, DO** OU **DU**.

RAPA _____ RA

COCA _____

TORTA HOLAN _____ SA

QUEIJA _____ NHA

GOIABA _____

ARROZ- _____ CE

2. ESCREVA QUAL DESSES É O SEU DOCE FAVORITO.

- MOSTRE PARA UM COLEGA O NOME DO DOCE QUE VOCÊ ESCREVEU E VEJA QUAL É O DOCE FAVORITO DELE.

CENTO E SETE **107**

3. ESCREVA O NOME DE CADA UMA DAS IMAGENS ABAIXO.

_____   _____   _____

- AGORA, CIRCULE A SÍLABA **DO**, DE **DOCE**, NOS NOMES QUE VOCÊ ESCREVEU.

4. ESCREVA O NOME DE CADA UM DOS SEGUINTES ALIMENTOS.

DICA
VOCÊ PODE CONSULTAR O QUADRO AO FINAL DA PÁGINA.

_____   _____

_____   _____

SANDUÍCHE • BRIGADEIRO • EMPADA • SALADA

108 CENTO E OITO

POR DENTRO DO TEMA

DIVERSIDADE CULTURAL

ANIVERSÁRIOS AO REDOR DO MUNDO

CADA PAÍS TEM SEU PRÓPRIO JEITO DE COMEMORAR O ANIVERSÁRIO OU OUTRAS DATAS ESPECIAIS.

NO MÉXICO, AS PESSOAS COSTUMAM BRINCAR COM A PINHATA, UM RECIPIENTE RECHEADO DE DOCES, COBERTO POR PAPÉIS COLORIDOS E PENDURADO NO ALTO.

NA CHINA, O PRIMEIRO ANIVERSÁRIO É COMEMORADO AOS 30 DIAS DE VIDA DA CRIANÇA. NESSA FESTA, NÃO PODEM FALTAR OS OVOS PINTADOS DE VERMELHO, QUE REPRESENTAM A RENOVAÇÃO DA VIDA DO ANIVERSARIANTE.

TODAS AS FORMAS DE COMEMORAR UM ANIVERSÁRIO TÊM A MESMA FINALIDADE, QUE É A DE DESEJAR SORTE, PROTEÇÃO, MUITOS ANOS DE VIDA E FELICIDADES AO ANIVERSARIANTE.

A. O QUE VOCÊ ACHOU DO JEITO DE COMEMORAR O ANIVERSÁRIO NO MÉXICO E NA CHINA?

B. PESQUISE COMO AS PESSOAS COMEMORAM O ANIVERSÁRIO EM OUTRO PAÍS DIFERENTE DOS QUE FORAM CITADOS.

CENTO E NOVE 109

PRODUÇÃO ESCRITA

PRODUZIR CONVITE DE ANIVERSÁRIO

IMAGINE QUE SEJA SEU ANIVERSÁRIO E VOCÊ FARÁ UMA FESTA. QUE TAL PRODUZIR UM CONVITE PARA SEUS FAMILIARES E AMIGOS?

PLANEJE

ESCOLHA:

- O LOCAL DA FESTA;
- A DATA E O HORÁRIO;
- OUTRAS INFORMAÇÕES NECESSÁRIAS AO CONVITE (POR EXEMPLO, A IDADE QUE VOCÊ VAI COMPLETAR OU SE A FESTA É TEMÁTICA);
- A ILUSTRAÇÃO OU A FOTO QUE VAI DECORAR O CONVITE.

ESCREVA

FAÇA UM RASCUNHO COM AS SEGUINTES INFORMAÇÕES:

- NOME DO CONVIDADO.
- QUANTOS ANOS VOCÊ VAI FAZER.
- DATA E HORÁRIO DA FESTA.
- LOCAL ONDE A FESTA SERÁ REALIZADA.
- SEU NOME.

REVISE

- LEIA TODAS AS INFORMAÇÕES QUE VOCÊ ANOTOU.
- VERIFIQUE SE AS PALAVRAS COM AS LETRAS D E V ESTÃO ESCRITAS CORRETAMENTE.
- VEJA SE VOCÊ INDICOU A DATA, O HORÁRIO E O ENDEREÇO DA FESTA.
- CONFIRA SE VOCÊ INSERIU O NOME DO CONVIDADO E O SEU NOME.

BIA
boo
boo

VENHA COMEMORAR COMIGO MEUS 7 ANOS!

DIA: 09/04
HORÁRIO: 18H
ENDEREÇO: RUA TIRADENTES, 1100.

ESPERO VOCÊ!
EDU

REESCREVA

- COPIE CORRETAMENTE CADA UMA DAS INFORMAÇÕES: A DATA, O HORÁRIO E O LOCAL DA FESTA.
- FAÇA DESENHOS COLORIDOS OU COLE A FOTO QUE VOCÊ SELECIONOU.

VOCÊ TAMBÉM PODE FAZER O CONVITE ORALMENTE, ENVIANDO UM ÁUDIO POR CELULAR OU *TABLET*.

AVALIE

	SIM	NÃO
O CONVITE APRESENTA TODAS AS INFORMAÇÕES NECESSÁRIAS?		
PRODUZI OU COLOQUEI IMAGENS PARA ILUSTRÁ-LO?		

PONTO DE CHEGADA

1. ESCREVA O NOME DE CADA UMA DAS IMAGENS A SEGUIR.

> **DICA** TODAS ELAS POSSUEM A LETRA **D**.

_____DO   CA_____A_____   BO_____

2. OBSERVE AS IMAGENS E COMPLETE O NOME DE CADA UMA DELAS COM A LETRA **V**.

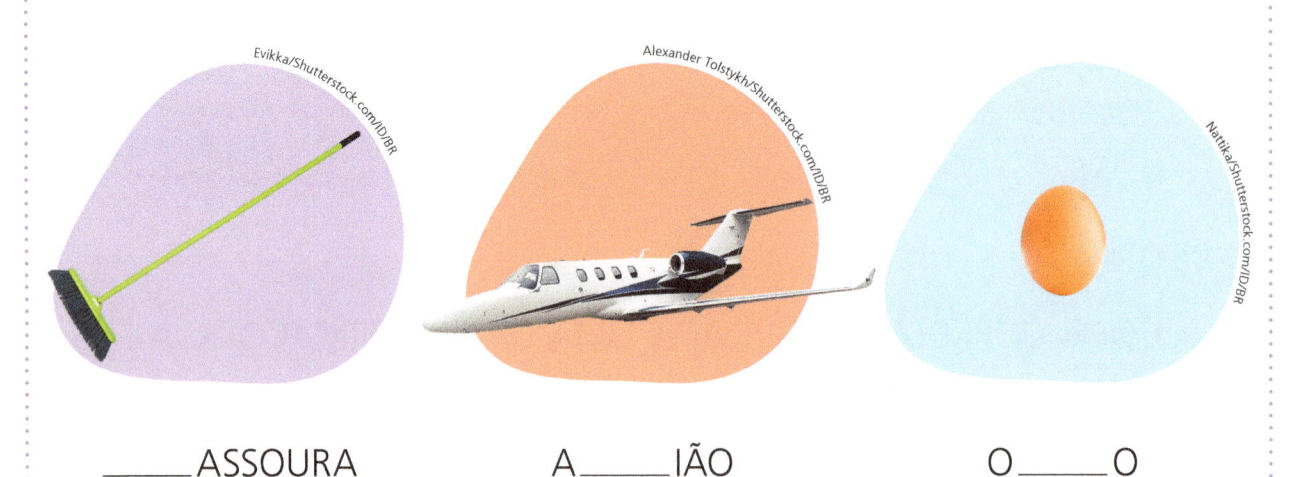

____ASSOURA   A____IÃO   O____O

3. SEPARE EM SÍLABAS AS PALAVRAS A SEGUIR.

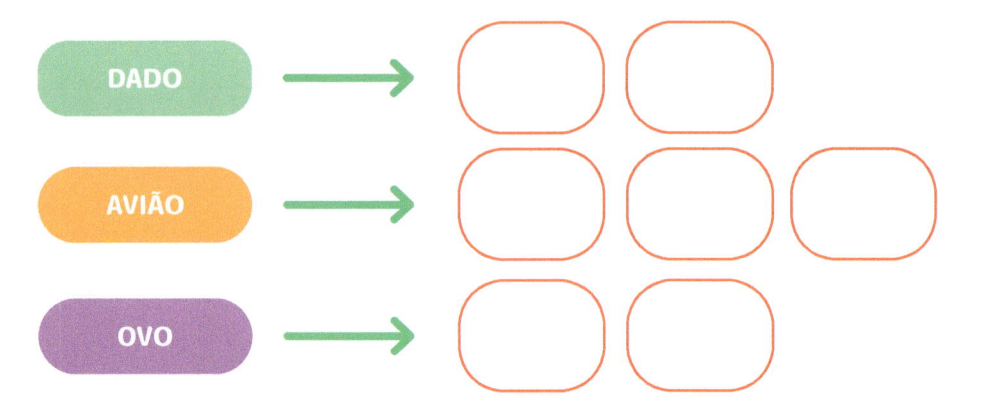

DADO → ☐ ☐

AVIÃO → ☐ ☐ ☐

OVO → ☐ ☐

112 CENTO E DOZE

UNIDADE

5 UM, DOIS, FEIJÃO COM ARROZ

Lumena/Shutterstock.com/ID/BR

PONTO DE PARTIDA

1. QUAIS ALIMENTOS VOCÊ IDENTIFICA NA IMAGEM?
2. O QUE ESSES ALIMENTOS REPRESENTAM NA IMAGEM?

CENTO E TREZE **113**

LENDO UM TEXTO DE CURIOSIDADE

OBSERVE A IMAGEM QUE ACOMPANHA O TEXTO A SEGUIR. O QUE VOCÊ ACHA QUE SERÁ APRESENTADO NESSE TEXTO?

ESCUTE A LEITURA DO PROFESSOR PARA DESCOBRIR.

O PÃO FRANCÊS VEIO MESMO DA FRANÇA?

O PÃOZINHO CONHECIDO COMO FRANCÊS NÃO EXISTE NA FRANÇA. A CONFUSÃO COMEÇOU NO SÉCULO 19, ÉPOCA EM QUE O PÃO POPULAR ENTRE OS FRANCESES ERA CURTO, CILÍNDRICO, COM MIOLO DURO E CASCA DOURADA (QUASE UMA BAGUETE). ENQUANTO ISSO, NO BRASIL, O PÃO TINHA MIOLO E CASCA ESCUROS. QUANDO BRASILEIROS VIAJAVAM A PARIS, VOLTAVAM PEDINDO AOS PADEIROS UM PÃO IGUAL AO QUE COMIAM NA FRANÇA. OS PADEIROS TENTARAM REPRODUZIR A RECEITA E ASSIM SURGIU O NOSSO PÃOZINHO FRANCÊS.

O PÃO FRANCÊS VEIO MESMO DA FRANÇA? RECREIO, 6 JUL. 2017. CULINÁRIA DIVERTIDA. DISPONÍVEL EM: <http://recreio.uol.com.br/noticias/culinaria-divertida/o-pao-frances-veio-mesmo-da-franca.phtml#.xypa1y5kiuk>. ACESSO EM: 19 SET. 2019.

BAGUETE: TIPO DE PÃO COM CASCA DURA E EM FORMATO ALONGADO
CILÍNDRICO: EM FORMATO DE CILINDRO, ARREDONDADO

O TEXTO QUE VOCÊ LEU FOI PUBLICADO NO *SITE* DA *RECREIO*, UMA REVISTA DESTINADA AO PÚBLICO INFANTIL. NA REVISTA, VOCÊ PODE LER CURIOSIDADES, NOTÍCIAS E INFORMAÇÕES SOBRE DIVERSOS TEMAS, COMO NATUREZA E ANIMAIS.

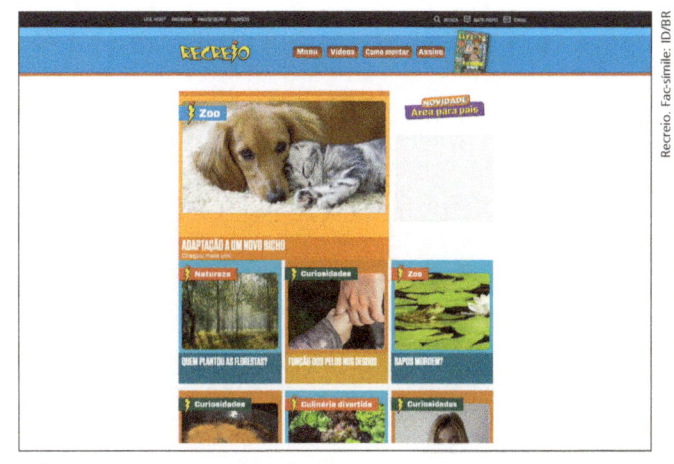

PÁGINA INICIAL DO *SITE* DA REVISTA *RECREIO*.

ESTUDANDO O TEXTO

1. O ASSUNTO DO TEXTO É O QUE VOCÊ IMAGINOU ANTES DA LEITURA?

2. QUAL É O ALIMENTO APRESENTADO NO TEXTO? PINTE A RESPOSTA CORRETA.

BOLO.   PIZZA.   PÃO FRANCÊS.

3. CIRCULE O NOME DO PAÍS DE ORIGEM DESSE ALIMENTO.

FRANÇA   CHINA   BRASIL   PORTUGAL

4. POR QUE EXISTE UMA CONFUSÃO SOBRE A ORIGEM DESSE ALIMENTO?

○ PORQUE O ALIMENTO TEM NOME BRASILEIRO, EMBORA ELE TENHA SURGIDO NA FRANÇA.

○ PORQUE EXISTE A PALAVRA FRANCÊS NO NOME DO ALIMENTO, SENDO QUE ELE NÃO SURGIU NA FRANÇA.

5. PINTE AS CARACTERÍSTICAS DO PÃO COM A MESMA COR DO NOME DO PAÍS ONDE ELE É PRODUZIDO.

FRANÇA   BRASIL

MIOLO ESCURO   MIOLO DURO   CURTO

CILÍNDRICO   CASCA ESCURA   CASCA DOURADA

6. POR QUE OS PADEIROS BRASILEIROS PRODUZIRAM A RECEITA QUE DEU ORIGEM AO PÃO FRANCÊS? MARQUE UM X NA ALTERNATIVA CORRETA.

○ PORQUE OS BRASILEIROS VOLTAVAM DA FRANÇA E PEDIAM UM PÃO IGUAL AO DE LÁ.

○ PORQUE OS FRANCESES QUERIAM DIVULGAR A CULINÁRIA FRANCESA.

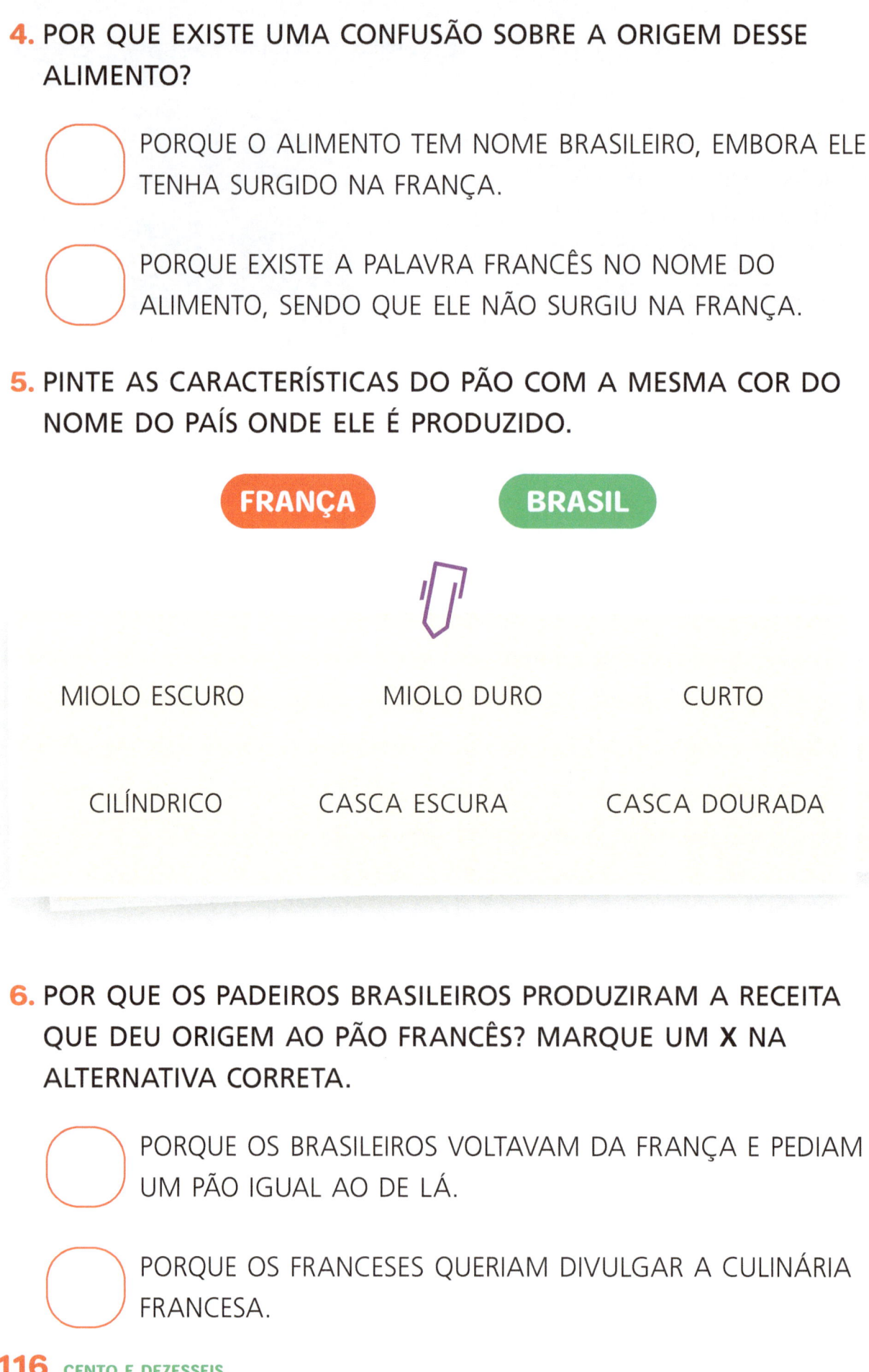

7. LIGUE AS COLUNAS ABAIXO DE ACORDO COM O QUE OS ELEMENTOS DO TEXTO DE CURIOSIDADE REPRESENTAM.

TÍTULO — APRESENTA INFORMAÇÕES E EXPLICAÇÕES SOBRE UM FATO CURIOSO.

TEXTO — ILUSTRA O ASSUNTO TRATADO NO TEXTO E AUXILIA O LEITOR A COMPREENDER AS INFORMAÇÕES.

IMAGEM — APRESENTA UMA PERGUNTA A FIM DE DESPERTAR O INTERESSE DO LEITOR.

8. QUAL É O OBJETIVO DO TEXTO LIDO?

○ ENSINAR UMA RECEITA DE PÃO FRANCÊS.

○ APRESENTAR UM FATO CURIOSO SOBRE A ORIGEM DO PÃO FRANCÊS.

9. PARA QUE LEITORES ESSE TEXTO FOI ESCRITO E ONDE ELE FOI PUBLICADO?

LÁ VEM CANÇÃO

QUE TAL CONHECER UMA CANÇÃO SOBRE DIVERSAS GULOSEIMAS? O PROFESSOR VAI LHES APRESENTAR A CANÇÃO "NÃO É PROIBIDO", DA CANTORA E COMPOSITORA CARIOCA MARISA MONTE.

CAPA DO DVD *INFINITO AO MEU REDOR*, DE MARISA MONTE, PRODUZIDO POR CONSPIRAÇÃO FILMES, MONTE CRIAÇÃO E SAMBA FILMES, 2008.

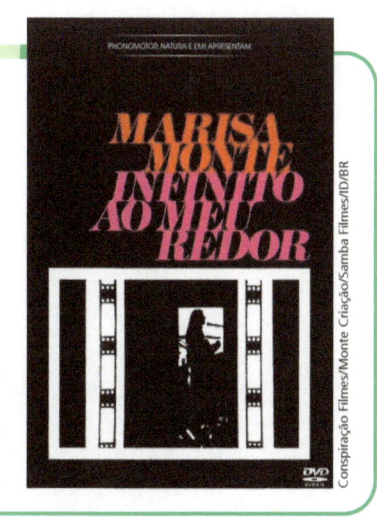

COMO SE ESCREVE?

A LETRA F

1. COM A AJUDA DO PROFESSOR, LEIA A LISTA DE COMPRAS ABAIXO.

A

LISTA DE COMPRAS
MACARRÃO
FARINHA
LARANJA
BATATA
BANANA
ALFACE
ABACAXI
CENOURA
GOIABA
CAJU
SAL
PÃO DE FORMA
SABONETE
DETERGENTE

AGORA, OBSERVE AS PALAVRAS DESSA LISTA DE COMPRAS ORGANIZADAS DE OUTRA MANEIRA.

B

MACARRÃO - FARINHA - LARANJA - BATATA - BANANA - ALFACE - ABACAXI - CENOURA - GOIABA - CAJU - SAL - PÃO DE FORMA - SABONETE - DETERGENTE

Ilustrações: José Vitor Elorza

TROCANDO IDEIAS

- EM SUA OPINIÃO, QUAL DAS DUAS MANEIRAS É MAIS APROPRIADA PARA SE ESCREVER OS ITENS DE UMA LISTA DE COMPRAS: O EXEMPLO **A** OU O EXEMPLO **B**? EXPLIQUE POR QUÊ.

2. ESCREVA UMA PALAVRA DA LISTA DE COMPRAS QUE COMEÇA COM A LETRA **F**.

3. QUAIS DAS PALAVRAS ABAIXO TAMBÉM PODERIAM ESTAR EM UMA LISTA DE COMPRAS? CIRCULE-AS.

FUBÁ   FOME   FEIJÃO

FAROFA

FUMAÇA   FIGO   FILHOTE

FOFOCA

PEPINO   FAMÍLIA   FRANGO

LEITE

4. DAS PALAVRAS QUE VOCÊ CIRCULOU, COPIE ABAIXO APENAS AS QUE COMEÇAM COM A LETRA **F**.

_____

_____

_____

_____

CENTO E DEZENOVE **119**

PRATIQUE E APRENDA

1. CIRCULE O NOME DE CADA IMAGEM ABAIXO.

FITA　　　　　　FUMAÇA　　　　　　FOGÃO

FADA　　　　　　FUBÁ　　　　　　　FOGO

FACA　　　　　　FILÉ　　　　　　　FEIJÃO

2. COM A AJUDA DO PROFESSOR, RECITE ESTA PARLENDA.

PENEIRINHA, PENEIRÃO

DE COAR FEIJÃO.

PENEIRINHA, PENEIRÁ

DE COAR FUBÁ.

PENEIRINHA, PENEIRINHA

DE COAR FARINHA.

PARLENDA POPULAR.

CIRCULE COM A MESMA COR OS PARES DE PALAVRAS DA PARLENDA QUE RIMAM, OU SEJA, QUE TÊM O MESMO SOM FINAL.

LENDO RÓTULOS DE EMBALAGENS

OBSERVE NESTA PÁGINA AS IMAGENS DE RÓTULOS DE EMBALAGENS. VOCÊ RECONHECE ALGUNS DESSES PRODUTOS?

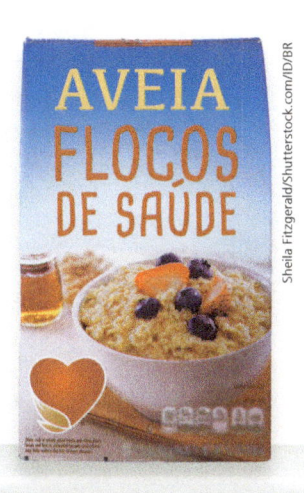

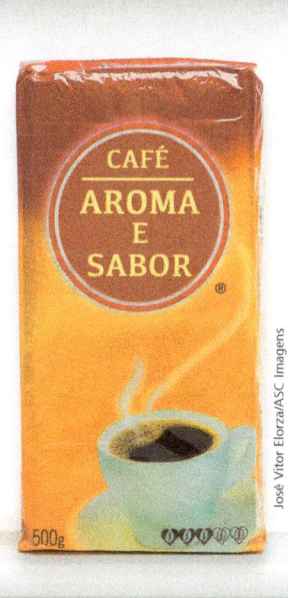

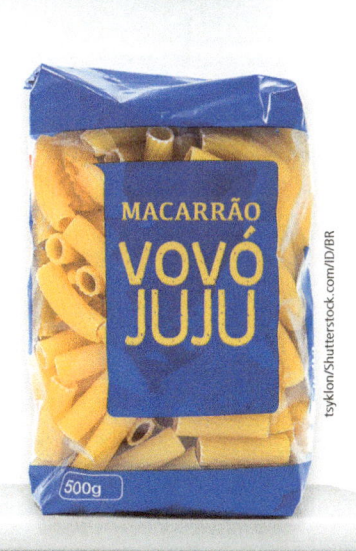

CENTO E VINTE E UM **121**

ESTUDANDO O TEXTO

1. QUE INFORMAÇÕES COSTUMAM APARECER NOS RÓTULOS DE EMBALAGENS?

2. EM SUA OPINIÃO, PARA QUE SERVEM ESSAS INFORMAÇÕES?

3. QUAL INFORMAÇÃO TEM MAIS DESTAQUE NOS RÓTULOS DAS EMBALAGENS?

◯ O NOME DO PRODUTO.

◯ A QUANTIDADE DO PRODUTO.

> **VAMOS PRESERVAR**
> DEPOIS DE CONSUMIR OS PRODUTOS, É IMPORTANTE DESCARTAR AS EMBALAGENS CORRETAMENTE.

4. AS MARCAS DOS PRODUTOS DA PÁGINA ANTERIOR FORAM ESCRITAS COM:

◯ O MESMO TIPO DE LETRA.

◯ TIPOS DE LETRA DIFERENTES.

5. ESCREVA O NOME DAS MARCAS DOS PRODUTOS DA PÁGINA ANTERIOR.

_____

_____

_____

6. OS PRODUTOS QUE APARECEM NA PÁGINA ANTERIOR SÃO DE QUE TIPO?

◯ ALIMENTOS. ◯ HIGIENE PESSOAL. ◯ LIMPEZA.

7. RELACIONE A IMAGEM DO ALIMENTO AO NOME DELE.

A BISCOITO   **C** LEITE   **E** CAFÉ

B MACARRÃO   **D** SUCO   **F** AVEIA

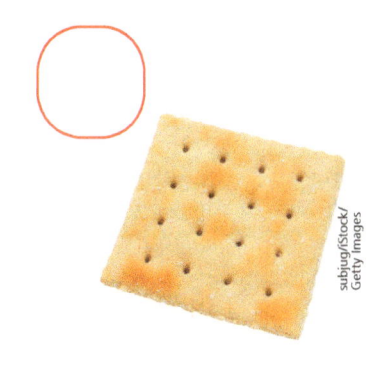

APRENDA MAIS!

NO *LIVRO DE RECEITAS GORGOURMET*, VOCÊ VAI APRENDER VÁRIAS RECEITAS SECRETAS DOS SUCOS ELABORADOS PELO MONSTRINHO DELIVERSON, COMO O ACALMARELA, O KÉKOUVE MONSTROFINO, QUE ALÉM DE DIVERTIDOS SÃO MUITO SABOROSOS.

LIVRO DE RECEITAS GORGOURMET: SUCOS, DE CAO HAMBURGER. ILUSTRAÇÕES DE ROMONT WILLY. SÃO PAULO: SESI-SP EDITORA, 2016 (QUE MONSTRO TE MORDEU?).

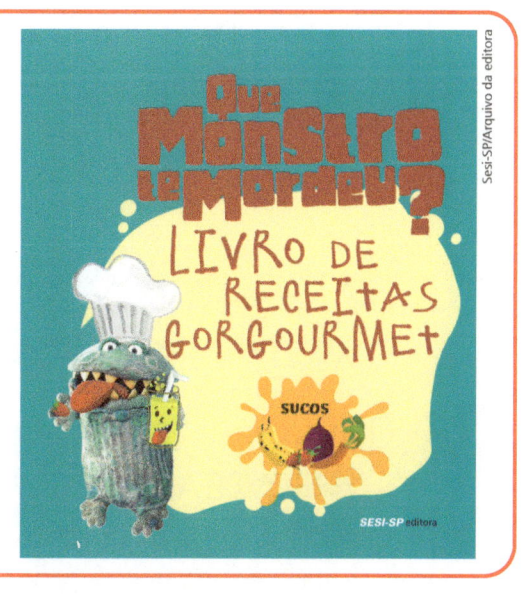

CENTO E VINTE E TRÊS **123**

POR DENTRO DO TEMA

CONSUMO

REAPROVEITAMENTO DE ALIMENTOS

OBSERVE OS ALIMENTOS DAS IMAGENS A SEGUIR.

BOLINHOS DE ARROZ.

BOLO DE BANANA.

ESSES ALIMENTOS SÃO EXEMPLOS DE REAPROVEITAMENTO. OS BOLINHOS FORAM FEITOS COM SOBRAS DE ARROZ COZIDO. JÁ O BOLO FOI FEITO COM CASCA DE BANANA.

AS SOBRAS DE ALIMENTOS, ALÉM DE SERVIREM EM ALGUMAS RECEITAS, PODEM SER USADAS EM UMA COMPOSTAGEM.

ATITUDES COMO ESSAS EVITAM O DESPERDÍCIO E AJUDAM O MEIO AMBIENTE.

A. O QUE MAIS PODEMOS FAZER PARA REAPROVEITAR OS ALIMENTOS QUE SERIAM JOGADOS NO LIXO?

B. PESQUISE COM SEUS PAIS OU RESPONSÁVEIS UMA RECEITA PARA REAPROVEITAR ALGUM ALIMENTO. ANOTE-A E TRAGA PARA A SALA DE AULA NO DIA COMBINADO COM O PROFESSOR.

COMO SE ESCREVE?

A LETRA M

1. OUÇA A LEITURA DA ADIVINHA E, EM SEGUIDA, DÊ A RESPOSTA.

O QUE É, O QUE É?
PODE SER ENCONTRADA NA CAMISA, NO PALETÓ E NA FRUTEIRA.

_____

ADIVINHA POPULAR.

A. QUAL É A PRIMEIRA LETRA DA PALAVRA QUE É A RESPOSTA DA ADIVINHA?

B. PINTE DE AMARELO OS ESPAÇOS QUE HÁ ENTRE AS PALAVRAS DA ADIVINHA.

2. CIRCULE AS FRUTAS QUE TÊM O NOME QUE COMEÇA COM A LETRA **M**, DE **MANGA**.

CENTO E VINTE E CINCO **125**

PRATIQUE E APRENDA

1. LIGUE A CENA AO VERSO QUE A REPRESENTA.

MAMÃE FEZ MACARRÃO,

PAPAI CORTOU O PÃO.

VOVÔ CHUPOU LIMÃO,

SABIÁ BICOU O MAMÃO.

- AGORA, COPIE OS VERSOS E FORME UMA QUADRINHA.

_____
_____
_____
_____

2. PINTE EM CADA GRUPO A PALAVRA QUE O PROFESSOR VAI DIZER.

A | CARAMELO | CAMELO | MARMELO |

B | MELADO | MELÃO | MELECA |

C | MARACUJÁ | MACARRÃO | MAMÃO |

3. ESCREVA O NOME DE CADA IMAGEM ABAIXO.

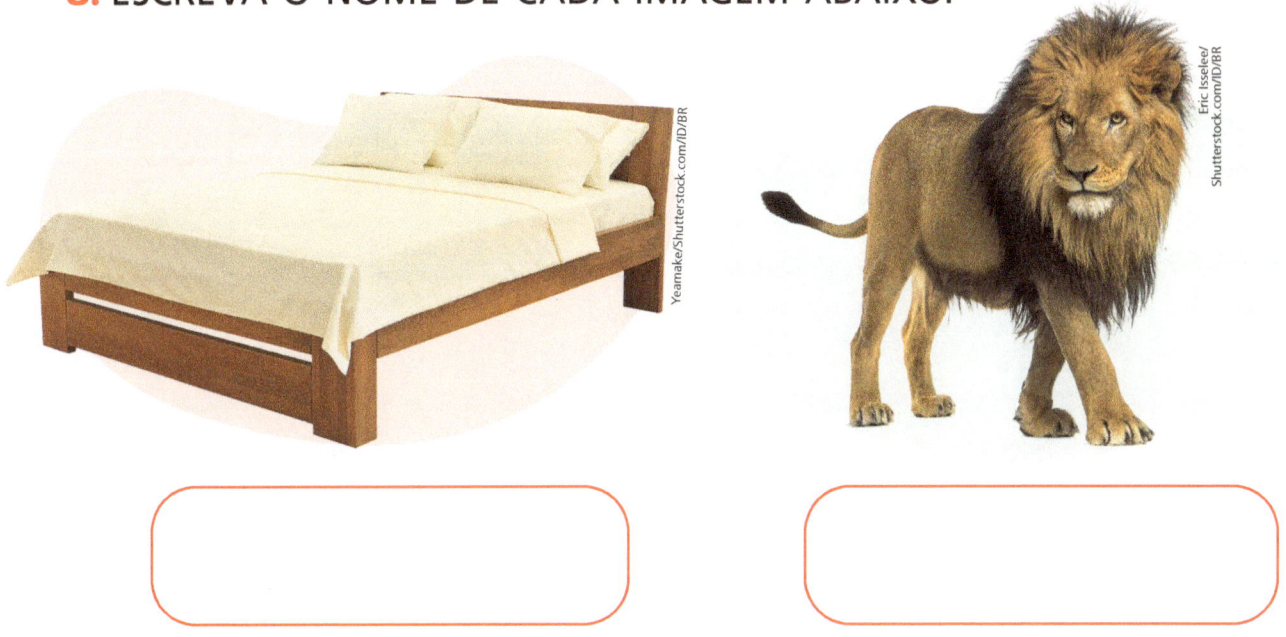

- AGORA, JUNTE AS PALAVRAS QUE VOCÊ ESCREVEU ACIMA PARA FORMAR O NOME DO ANIMAL RETRATADO A SEGUIR.

DIVIRTA-SE E APRENDA

FRUTAS DE MASSINHA

1. COM O PROFESSOR E OS COLEGAS, PRODUZAM A MASSINHA DE ACORDO COM AS ORIENTAÇÕES A SEGUIR.

MATERIAIS NECESSÁRIOS

- 1 VASILHA GRANDE
- 4 XÍCARAS DE FARINHA DE TRIGO
- 1 COPO E MEIO DE ÁGUA
- 3 COLHERES DE SOPA DE ÓLEO
- 1 XÍCARA DE SAL
- CORANTE ALIMENTÍCIO DE VÁRIAS CORES

MODO DE FAZER

- NA VASILHA, MISTURE A FARINHA E O SAL.
- ADICIONE A ÁGUA E O ÓLEO.
- MISTURE ATÉ FORMAR UMA MASSA HOMOGÊNEA.
- POR ÚLTIMO, COLOQUE O CORANTE.

2. DEPOIS DE PRONTA A MASSINHA, MODELE ALGUMAS FRUTAS DE SUA PREFERÊNCIA.

3. COM A AJUDA DO PROFESSOR, ESCREVA O NOME DE CADA FRUTA QUE VOCÊ MODELOU.

_____

_____

_____

_____

4. COM OS COLEGAS, BRINQUEM DE MISTURAR O NOME DAS FRUTAS. FAÇAM UM CARTAZ COM AS MISTURAS CRIADAS. VEJA O EXEMPLO.

LARANANA

OU

BANANANJA

5. REÚNA SUAS FRUTAS DE MASSINHA COM AS DOS COLEGAS E, JUNTOS, MONTEM UMA FRUTEIRA.

PRODUÇÃO ORAL E ESCRITA

PRODUZIR TEXTO DE CURIOSIDADE E GRAVAR VÍDEO

COM A AJUDA DO PROFESSOR, VOCÊ E MAIS DOIS COLEGAS VÃO PRODUZIR UM TEXTO DE CURIOSIDADE E, DEPOIS, VÃO GRAVAR UM VÍDEO EXPLICANDO ESSA CURIOSIDADE. O VÍDEO VAI SER PUBLICADO NO *BLOG* DA TURMA.

VAMOS APRENDER

ESCREVER UM TEXTO DE CURIOSIDADE É UMA ÓTIMA OPORTUNIDADE PARA PESQUISAR, SER CRIATIVO E DIVIDIR CONHECIMENTO.

PLANEJEM

- ESCOLHAM O ASSUNTO DO TEXTO DE CURIOSIDADE. VEJAM ALGUMAS SUGESTÕES.

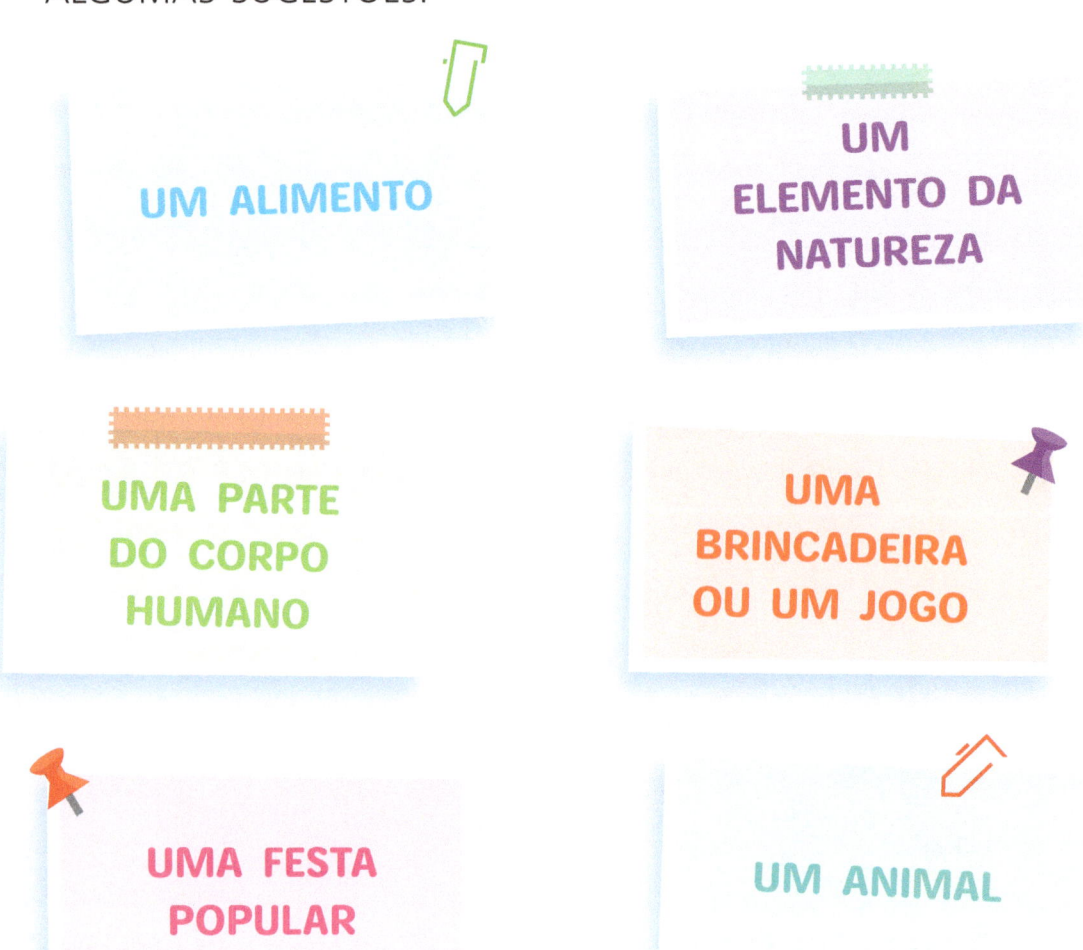

UM ALIMENTO

UM ELEMENTO DA NATUREZA

UMA PARTE DO CORPO HUMANO

UMA BRINCADEIRA OU UM JOGO

UMA FESTA POPULAR

UM ANIMAL

- COM O AUXÍLIO DO PROFESSOR, PESQUISEM INFORMAÇÕES SOBRE O ASSUNTO ESCOLHIDO.
- SELECIONEM UMA IMAGEM PARA ILUSTRAR O TEXTO.
- PENSEM EM UM TÍTULO BEM INTERESSANTE.

APRENDA MAIS!

VOCÊS PODEM PESQUISAR CURIOSIDADES NO LIVRO *COMO FUNCIONAM AS COISAS NA NATUREZA, NO ESPAÇO, NAS CIDADES, NO DIA A DIA*, QUE RESPONDE A DIVERSAS PERGUNTAS SOBRE ALGUNS ELEMENTOS DO NOSSO COTIDIANO.

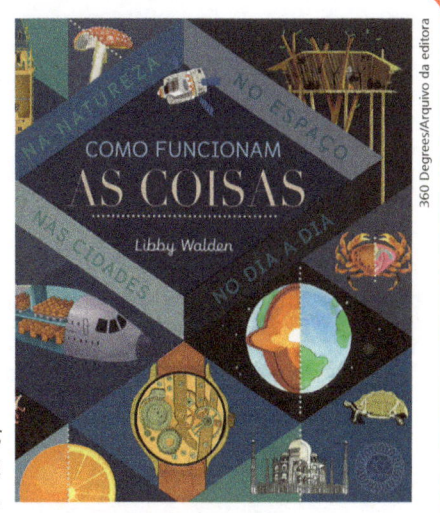

COMO FUNCIONAM AS COISAS NA NATUREZA, NO ESPAÇO, NAS CIDADES, NO DIA A DIA, DE LIBBY WALDEN. TRADUÇÃO DE MARILÚ REIS. BARUERI: 360 DEGREES, 2016.

QUER CONHECER INFORMAÇÕES SOBRE OS MAIS VARIADOS ASSUNTOS E SATISFAZER ALGUMAS DAS SUAS CURIOSIDADES? O *SITE GUIA DOS CURIOSOS* PODE TE AJUDAR.

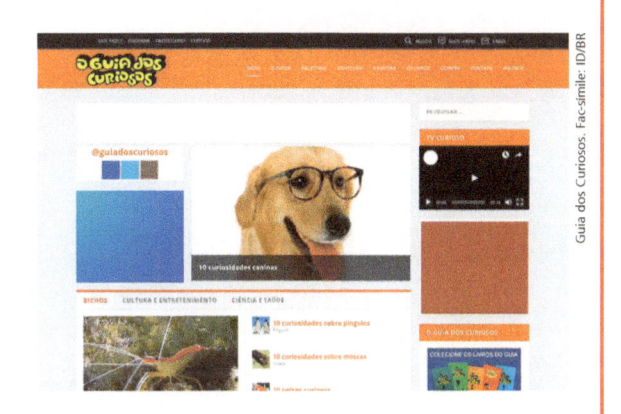

<HTTP://GUIADOSCURIOSOS.UOL.COM.BR/>
ACESSO EM: 3 FEV. 2020.

ESCREVAM

COM A AJUDA DO PROFESSOR, ESCREVAM NO CADERNO OU EM UMA FOLHA DE PAPEL AS INFORMAÇÕES PARA COMPOR O TEXTO DE CURIOSIDADE.

REVISEM

COM A AJUDA DO PROFESSOR, VERIFIQUEM SE É NECESSÁRIO FAZER ALGUMA CORREÇÃO NO TEXTO E SE A CURIOSIDADE ESTÁ BEM EXPLICADA.

REESCREVAM

PASSEM O TEXTO DE CURIOSIDADE A LIMPO, CORRIGINDO O QUE FOR NECESSÁRIO. EM SEGUIDA, COLEM A IMAGEM PERTO DO TEXTO E ESCREVAM OS NOMES DE VOCÊS.

REALIZEM

ENSAIEM ALGUMAS VEZES A APRESENTAÇÃO DA CURIOSIDADE QUE VOCÊS ESCREVERAM.

NO MOMENTO DA GRAVAÇÃO, SIGAM ESTAS ORIENTAÇÕES.

DIGAM O TÍTULO DO TEXTO DE CURIOSIDADE.

UTILIZEM TOM DE VOZ ADEQUADO E PRONUNCIEM BEM AS PALAVRAS.

EXPLIQUEM A CURIOSIDADE COM ENTUSIASMO, PARA CHAMAR A ATENÇÃO DE QUEM FOR ASSISTIR AO VÍDEO.

DURANTE A GRAVAÇÃO, VOCÊS PODEM MOSTRAR A IMAGEM QUE INSERIRAM NO TEXTO.

AO FINAL, VOCÊS VÃO ASSISTIR AO VÍDEO E VERIFICAR SE PRECISAM AJUSTAR ALGO E REGRAVÁ-LO CASO SEJA NECESSÁRIO.

O PROFESSOR VAI PUBLICAR TODOS OS VÍDEOS COM OS TEXTOS DE CURIOSIDADES NO *BLOG* DA TURMA. DIVULGUEM PARA OS FAMILIARES E OS AMIGOS O ENDEREÇO DO *BLOG* A FIM DE QUE CONHEÇAM AS PRODUÇÕES DA TURMA.

AVALIEM

	SIM	NÃO
FIZEMOS A PESQUISA SOBRE O TEXTO DE CURIOSIDADE?		
TODOS OS MEMBROS DO GRUPO PARTICIPARAM DA GRAVAÇÃO DO VÍDEO?		
DIVULGAMOS O ENDEREÇO COM OS VÍDEOS DE CURIOSIDADES?		

PONTO DE CHEGADA

1. COMPLETE O NOME DE CADA UMA DAS IMAGENS A SEGUIR COM A LETRA QUE ESTÁ FALTANDO.

DICA TODAS ELAS POSSUEM A LETRA **F**.

____OCA   CA____É   GAR____O

____UNIL   ____AROL   ____IVELA

2. COMPLETE O NOME DE CADA UMA DAS IMAGENS A SEGUIR.

DICA TODAS ELAS POSSUEM A LETRA **M**.

____ESA   CA____ISA   ____URO

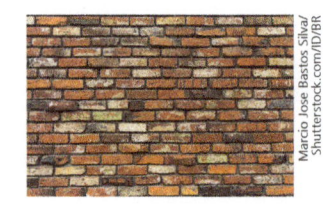

UNIDADE

6 EU ENTREI NA RODA

PONTO DE PARTIDA

1. O QUE A IMAGEM ACIMA ESTÁ REPRESENTANDO?

2. COMENTE SE VOCÊ JÁ BRINCOU DE RODA.

3. QUAIS CANTIGAS VOCÊ CONHECE?

CENTO E TRINTA E CINCO **135**

LENDO UMA CANTIGA POPULAR

OBSERVE AS IMAGENS PARA TENTAR DESCOBRIR SOBRE O QUE É A CANTIGA POPULAR A SEGUIR.

AGORA, ESCUTE A LEITURA QUE O PROFESSOR VAI FAZER DA CANTIGA.

EU ERA ASSIM

QUANDO EU ERA NENÉM, NENÉM, NENENZINHO,
EU ERA ASSIM... EU ERA ASSIM.

QUANDO EU ERA MENINA, MENINA, MENINA,
EU ERA ASSIM... EU ERA ASSIM.

QUANDO EU ERA MOCINHA, MOCINHA, MOCINHA,
EU ERA ASSIM... EU ERA ASSIM.

136 CENTO E TRINTA E SEIS

QUANDO EU ERA CASADA, CASADA, CASADA,
EU ERA ASSIM... EU ERA ASSIM.

QUANDO EU ERA MAMÃE, MAMÃE, MAMÃE,
EU ERA ASSIM... EU ERA ASSIM.

QUANDO EU ERA VOVÓ, VOVÓ, VOVÓ,
EU ERA ASSIM... EU ERA ASSIM.

QUANDO EU ERA CAVEIRA, CAVEIRA, CAVEIRA,
EU ERA ASSIM... EU ERA ASSIM.

CANTIGA POPULAR.

VAMOS NOS CONHECER

BEBÊS, CRIANÇAS, ADULTOS E IDOSOS TÊM NECESSIDADES DIFERENTES. POR ISSO, DEVEMOS NOS CONHECER E SABER DO QUE PRECISAMOS PARA SERMOS SAUDÁVEIS E FELIZES.

Ilustrações: Waldomiro Neto

CENTO E TRINTA E SETE **137**

ESTUDANDO O TEXTO

1. PELAS ILUSTRAÇÕES, VOCÊ DESCOBRIU O ASSUNTO DA CANTIGA? EXPLIQUE.

2. QUAIS FASES DE UMA PESSOA SÃO CITADAS NA CANTIGA?

3. QUAL DAS FASES CITADAS NA CANTIGA VOCÊ ESTÁ VIVENDO?

4. QUE GESTOS VOCÊ FARIA AO CANTAR CADA UM DOS TRECHOS DA CANTIGA?

5. NUMERE AS FASES DE UMA PESSOA DE ACORDO COM A ORDEM EM QUE APARECEM NA CANTIGA.

Ilustrações: Waldomiro Neto

6. QUAL É O TÍTULO DA CANTIGA?

◯ EU ERA ASSIM.   ◯ EU SOU ASSIM.

7. QUE PALAVRA PODERIA SUBSTITUIR A PALAVRA **NENÉM** NA CANTIGA SEM MUDAR O SENTIDO DELA?

◯ BEBÊ.   ◯ ADULTO.   ◯ JOVEM.

8. MARQUE UM **X** NA IMAGEM QUE REPRESENTA A BRINCADEIRA EM QUE ESSA CANTIGA COSTUMA SER CANTADA.

PARA FAZER JUNTOS!

AGORA, VAMOS CANTAR JUNTOS? CANTEM A CANTIGA "EU ERA ASSIM" FAZENDO GESTOS PARA CADA PARTE DELA.

COMO SE ESCREVE?

A LETRA N

1. RELEIA A PALAVRA RETIRADA DA CANTIGA.

NENÉM

QUAL É A LETRA INICIAL DESSA PALAVRA?

2. QUAL NOME DA TURMA COMEÇA COM ESSA MESMA LETRA?

3. PINTE AS IMAGENS CUJO NOME COMEÇA COM A LETRA **N**.

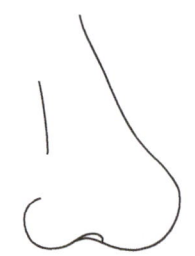

PRATIQUE E APRENDA

1. ESCREVA O NOME DAS IMAGENS ABAIXO.

BONECA • BONÉ • BANANA

_____   _____   _____

NENÉM • NAVIO • NUVEM

_____   _____   _____

2. PINTE O QUE ESTÁ DIFERENTE ENTRE CADA PAR DE PALAVRAS.

JANELA

PANELA

CANECA

CANETA

LENDO UMA PARLENDA

ACOMPANHE A LEITURA DO PROFESSOR.

CORRE, CUTIA

CORRE, CUTIA,
NA CASA DA TIA.
CORRE, CIPÓ,
NA CASA DA AVÓ.
LENCINHO NA MÃO
CAIU NO CHÃO.
MENINO(A) BONITO(A)
DO MEU CORAÇÃO.

PARLENDA POPULAR.

ESTUDANDO O TEXTO

1. COMENTE SE VOCÊ JÁ CONHECIA ESSA PARLENDA.

2. POR QUE VOCÊ ACHA QUE AS PESSOAS RECITAM PARLENDAS?

3. ESSA PARLENDA COSTUMA SER RECITADA PARA:

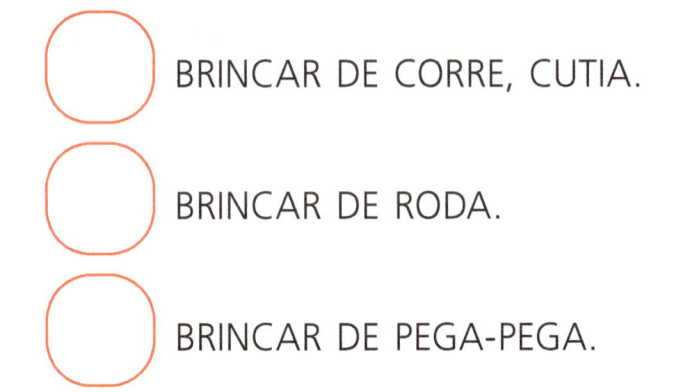

   ○ BRINCAR DE CORRE, CUTIA.

   ○ BRINCAR DE RODA.

   ○ BRINCAR DE PEGA-PEGA.

4. COMPLETE A PRIMEIRA PARTE DA PARLENDA, ESCREVENDO O NOME DAS IMAGENS.

   CORRE, _____,

   NA _____ DA TIA.

   CORRE, _____,

   NA CASA DA _____.

   Ilustrações: Isabela Santos

CENTO E QUARENTA E TRÊS **143**

5. PINTE COM A MESMA COR AS PALAVRAS QUE RIMAM, OU SEJA, QUE POSSUEM O MESMO SOM FINAL.

| CUTIA | CIPÓ | CHÃO | TIA |

| AVÓ | MÃO | CORAÇÃO |

6. COMPLETE A PARLENDA COM AS PALAVRAS A SEGUIR. ELAS DEVEM RIMAR COM AS PALAVRAS DESTACADAS.

PÃO • MARIA • BISAVÓ

CORRE, **CUTIA**,

NA CASA DA _____.

CORRE, **CIPÓ**,

NA CASA DA _____.

LENCINHO NA **MÃO**

CAIU O _____.

MENINO(A) BONITO(A)
DO MEU CORAÇÃO.

PARA FAZER JUNTOS!

COM SEUS COLEGAS, RECITE A PARLENDA DA PÁGINA **142** COM BASTANTE EXPRESSIVIDADE, OU SEJA, COM ENERGIA, EMOÇÃO. SE VOCÊS QUISEREM, TAMBÉM PODEM RECITAR A PARLENDA CRIADA NA ATIVIDADE **6**.

COMO SE ESCREVE?

A LETRA C

1. RELEIA A PALAVRA RETIRADA DA PARLENDA.

CUTIA

QUAL É A LETRA INICIAL DESSA PALAVRA?

2. CIRCULE A IMAGEM DOS ANIMAIS CUJO NOME COMEÇA COM ESSA MESMA LETRA.

3. CIRCULE AS PALAVRAS QUE COMEÇAM COM A LETRA **C**.

CORRE, CUTIA
NA CASA DA TIA

4. QUAL NOME DA TURMA COMEÇA COM ESSA MESMA LETRA?

5. COMPLETE AS PALAVRAS A SEGUIR COM AS SÍLABAS **CA, CO** OU **CU**.

_____JU _____LHER _____BO

PRATIQUE E APRENDA

1. OBSERVE OS TRÊS NOMES DE ANIMAIS NA CAPA DO LIVRO AO LADO.

CAPA DO LIVRO *PACA, TATU... CUTIA, SIM!*, DE CLAUDIO FRAGATA.

A. COMPLETE OS NOMES COM AS LETRAS QUE FALTAM.

___A___A   ___A___U   ___U___IA

B. AGORA, PINTE OS QUADROS COM OS NOMES QUE POSSUEM A LETRA **C**.

2. SIGA AS ORIENTAÇÕES ABAIXO PARA COMPLETAR O DIAGRAMA.

1. DESCUBRA QUANTAS LETRAS TEM O NOME DE CADA IMAGEM.
2. LEIA AS PALAVRAS DO QUADRO E LOCALIZE O NOME DAS IMAGENS.
3. HÁ PALAVRAS DO QUADRO QUE NÃO SERÃO USADAS.

6 LETRAS	7 LETRAS	8 LETRAS
CORUJA	COLIBRI	TAMANDUÁ
GORILA	MARRECO	PERERECA
COELHO	GALINHA	GOLFINHO
MACACO	CANGURU	CARNEIRO

CENTO E QUARENTA E SETE **147**

LENDO OUTRA CANTIGA POPULAR

CANTE, JUNTO COM O PROFESSOR, A CANTIGA A SEGUIR.

O SAPO

O SAPO, O SAPO
NA BEIRA DA LAGOA
NÃO TEM, NÃO TEM
RABINHO E NEM ORELHA

UA QUÁ QUÁ
UA QUÁ QUÁ
UA QUÁ QUÁ QUÁ QUÁ

UA QUÁ QUÁ
UA QUÁ QUÁ
UA QUÁ QUÁ QUÁ QUÁ

CANTIGA POPULAR.

ESTUDANDO O TEXTO

1. QUAL É O TÍTULO DA CANTIGA QUE VOCÊ CANTOU?

_____

2. PINTE O LUGAR EM QUE O PERSONAGEM DESSA CANTIGA ESTÁ.

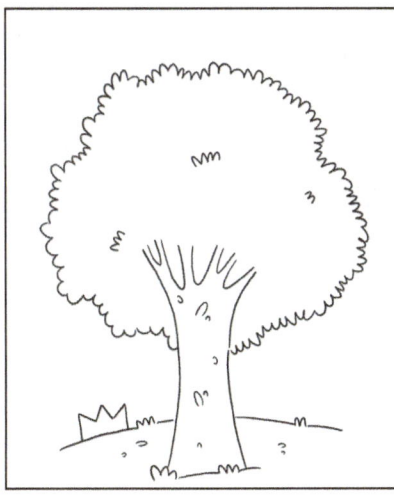

3. RELEIA O PRIMEIRO TRECHO DA CANTIGA E SEPARE AS PALAVRAS, COLOCANDO UM TRAÇO ENTRE ELAS.

OSAPO,OSAPO

NABEIRADALAGOA

NÃOTEM,NÃOTEM

RABINHOENEMORELHA

4. QUANTAS VEZES A PALAVRA **SAPO** APARECE NA CANTIGA?

◯ 1   ◯ 3   ◯ 5

CENTO E QUARENTA E NOVE

5. O QUE A EXPRESSÃO "UA QUÁ QUÁ" SIGNIFICA NA CANTIGA?

6. OBSERVE AS CAPAS DE DVD ABAIXO.

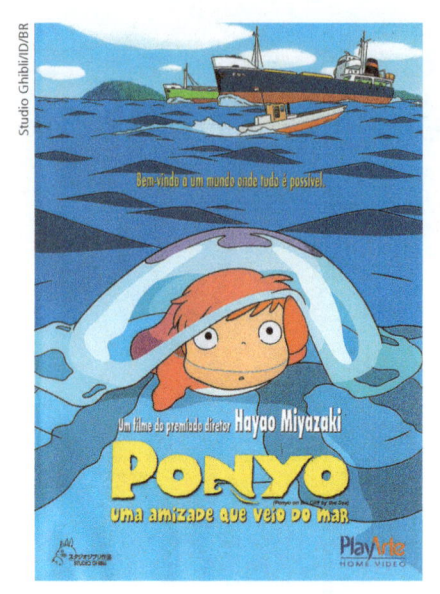

CAPA DO DVD DO FILME *PONYO, UMA AMIZADE QUE VEIO DO MAR*, DO DIRETOR HAYAO MIYAZAKI, 2008.

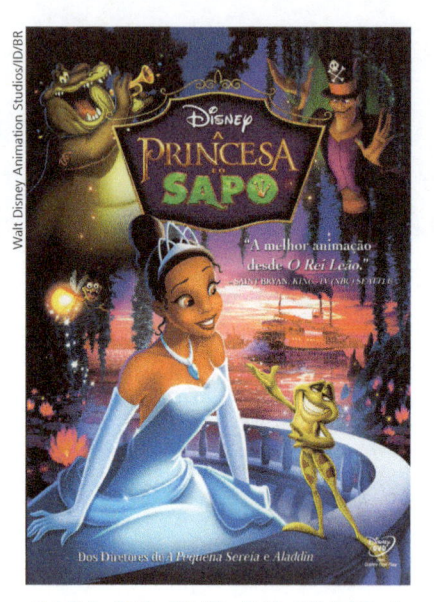

CAPA DO DVD DO FILME *A PRINCESA E O SAPO*, DOS DIRETORES RON CLEMENTS E JOHN MUSKER, 2009.

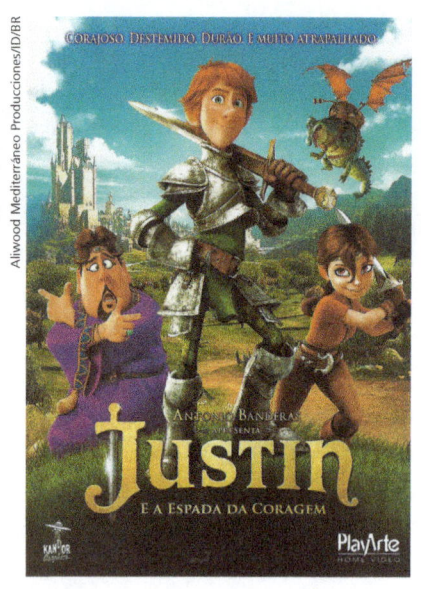

CAPA DO DVD DO FILME *JUSTIN E A ESPADA DA CORAGEM*, DO DIRETOR MANUEL SICILIA, 2013.

QUAL DESSES FILMES TAMBÉM TEM UM SAPO COMO PERSONAGEM?

LÁ VEM CANÇÃO

AGORA, O PROFESSOR VAI APRESENTAR A CANÇÃO "SAPO MARTELO". ESCUTE-A COM ATENÇÃO PARA DEPOIS CANTAR COM TODA A TURMA.

CAPA DO CD *COCORICÓ VOLUME 4*, DE HÉLIO ZISKIND, MCD, 2012.

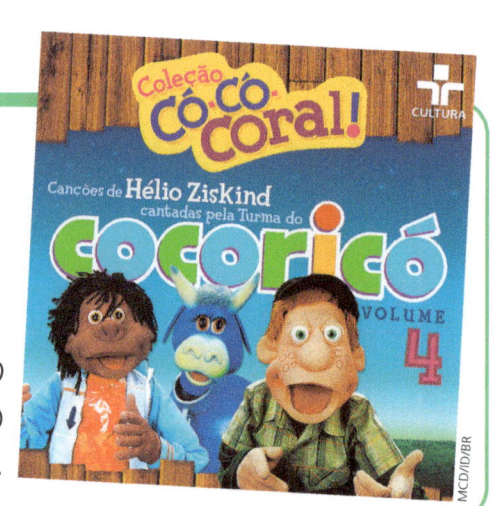

150 CENTO E CINQUENTA

DIVIRTA-SE E APRENDA

ÁLBUM DE NOMES DE CANTIGAS

DESTAQUE OS **ADESIVOS** DA PÁGINA 251 E COLE-OS DE ACORDO COM OS TÍTULOS DAS CANTIGAS.

"O CRAVO E A ROSA"

"MEU PINTINHO AMARELINHO"

"MARCHA, SOLDADO"

"BORBOLETINHA"

"TERESINHA DE JESUS"

"POMBINHA BRANCA"

CENTO E CINQUENTA E UM **151**

COMO SE ESCREVE?

A LETRA S

1. ACOMPANHE A LEITURA DO TRAVA-LÍNGUA A SEGUIR.

OLHA O SAPO DENTRO DO SACO,
O SACO COM O SAPO DENTRO,
O SAPO BATENDO PAPO
E O PAPO SOLTANDO VENTO.

TRAVA-LÍNGUA POPULAR.

A. SEM LER O TRAVA-LÍNGUA, TENTE DIZÊ-LO O MAIS RÁPIDO POSSÍVEL.

B. VOCÊ ACHOU FÁCIL OU DIFÍCIL DIZER O TRAVA-LÍNGUA?

2. QUAL É A LETRA INICIAL DO NOME DO ANIMAL QUE APARECE NO TRAVA-LÍNGUA?

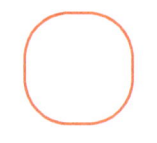

3. CIRCULE AS IMAGENS CUJO NOME COMEÇA COM ESSA MESMA LETRA.

4. QUAL NOME DA TURMA COMEÇA COM ESSA MESMA LETRA?

152 CENTO E CINQUENTA E DOIS

PRATIQUE E APRENDA

1. OBSERVE A PALAVRA RETIRADA DO TRAVA-LÍNGUA.

SAPO

A. ESCREVA ESSA PALAVRA USANDO AS LETRAS MÓVEIS.

B. AGORA, TROQUE AS LETRAS **A** E **O** DE LUGAR. QUAL PALAVRA VOCÊ FORMOU?

_____

C. AO TROCAR AS LETRAS **A** E **O** DE LUGAR, A PALAVRA FICOU:

◯ DIFERENTE NA ESCRITA, MAS IGUAL NO SIGNIFICADO.

◯ DIFERENTE NA ESCRITA E NO SIGNIFICADO.

2. COMPLETE O NOME DAS IMAGENS COM A LETRA QUE FALTA.

S____PA   S____NO   S____FÁ

S____LO   S____CO   S____LEIRO

CENTO E CINQUENTA E TRÊS **153**

3. ESCREVA O NOME DA IMAGEM ABAIXO.

_____

- ENCONTRE NESSA PALAVRA OS NOMES DAS IMAGENS ABAIXO. EM SEGUIDA, CIRCULE-OS COM CORES DIFERENTES.

4. ESCREVA O NOME DA PROFISSÃO REPRESENTADA PELA IMAGEM ABAIXO.

_____

- CIRCULE COM CORES DIFERENTES, NESSA PALAVRA, OS NOMES DAS SEGUINTES IMAGENS.

154 CENTO E CINQUENTA E QUATRO

PRODUÇÃO ORAL E ESCRITA

REGISTRAR E CANTAR CANTIGA POPULAR

VOCÊ E SEUS COLEGAS VÃO PESQUISAR E ORGANIZAR UMA LISTA COM OS TÍTULOS DE CANTIGAS POPULARES.

DEPOIS, CADA ALUNO VAI REGISTRAR UMA DAS CANTIGAS PARA MOSTRÁ-LA A FAMILIARES.

PLANEJE

VEJA COMO VOCÊ PODE PESQUISAR AS CANTIGAS POPULARES.

- PERGUNTE A SEUS PAIS, RESPONSÁVEIS, TIOS OU AVÓS QUAIS CANTIGAS ELES CONHECEM.
- EM UM RASCUNHO, ANOTE OS NOMES DAS CANTIGAS CITADAS.
- ENTREGUE SUA PESQUISA AO PROFESSOR. ELE VAI JUNTAR TODAS PARA ELABORAR UMA ÚNICA LISTA.

- ESCOLHA UMA CANTIGA DA LISTA DA TURMA.
- PESQUISE A LETRA DESSA CANTIGA.

APRENDA MAIS!

VOCÊ PODE PESQUISAR LETRAS DE CANTIGAS POPULARES NO LIVRO *BRINQUEDOS CANTADOS*, DE MÔNICA SIMAS E VERA LÚCIA DIAS.

BRINQUEDOS CANTADOS, DE MÔNICA SIMAS E VERA LÚCIA DIAS. ILUSTRAÇÕES DE ROMONT WILLY. SÃO PAULO: CALLIS, 2012.

ESCREVA

ESCREVA A LETRA DA CANTIGA ESCOLHIDA EM UM RASCUNHO.

REVISE

COMPARE O TEXTO QUE VOCÊ ESCREVEU COM A VERSÃO ORIGINAL.

REESCREVA

PASSE A CANTIGA A LIMPO, CORRIGINDO O QUE FOR NECESSÁRIO, E FAÇA UM DESENHO PARA ILUSTRÁ-LA.

APRESENTEM

AGORA, VOCÊ E SEUS COLEGAS VÃO APRESENTAR PARA OUTRA TURMA UMA DAS CANTIGAS QUE VOCÊS REGISTRARAM. VEJAM A SEGUIR COMO REALIZAR ESSA ATIVIDADE.

- ESCOLHAM A CANTIGA PREFERIDA DA TURMA.
- ENSAIEM A LETRA DA CANTIGA ESCOLHIDA.
- TREINEM O TOM DE VOZ, PARA QUE TODOS OUÇAM A APRESENTAÇÃO.

- SE A CANTIGA ESCOLHIDA TIVER UMA COREOGRAFIA OU GESTOS, ENSAIEM-NOS TAMBÉM.
- LEMBREM-SE DE FICAR DE FRENTE PARA A PLATEIA.
- NO DIA COMBINADO COM O PROFESSOR, APRESENTEM A CANTIGA PARA OUTRA TURMA.

DICA ENSAIEM BASTANTE PARA FICAREM CALMOS DURANTE A APRESENTAÇÃO.

APÓS A APRESENTAÇÃO, CADA ALUNO VAI MOSTRAR PARA OS FAMILIARES A CANTIGA QUE REGISTROU.

AVALIE

	SIM	NÃO
PESQUISEI CANTIGAS POPULARES PARA A LISTA DA TURMA?		
REGISTREI A CANTIGA E FIZ UM DESENHO PARA ILUSTRÁ-LA?		
EU E MEUS COLEGAS ENSAIAMOS A CANTIGA?		

PONTO DE CHEGADA

1. ESCREVA O NOME DE CADA IMAGEM, QUE COMEÇA COM A LETRA **N**.

_____   _____   _____

2. ESCREVA O NOME DE CADA IMAGEM, QUE COMEÇA COM A LETRA **C**.

_____   _____   _____

3. ESCREVA O NOME DE CADA IMAGEM, QUE COMEÇA COM A LETRA **S**.

_____   _____   _____

UNIDADE

7 QUANTOS ANIMAIS!

PONTO DE PARTIDA

1. QUAIS ANIMAIS VOCÊ RECONHECE NESTA IMAGEM?

2. O QUE VOCÊ SABE SOBRE CADA UM DESSES ANIMAIS?

LENDO UM POEMA

O QUE SERÁ QUE O RATO DESTE POEMA VAI ROER? OUÇA A LEITURA E CONFIRA.

O REI E O RATO

O RATO ROEU
A ROUPA DO REI.
E COMO SÓ O REI
ERA LEI,
NO MESMO DIA,
DECRETOU O RATO RÉU
E CONVOCOU A GATARIA.

O RATO IA E VINHA,
VINHA E IA.
ATRÁS DELE, A GATARIA.

DE REPENTE,
O RATO ENTROU NO MANTO
DO REI.
CHEIO DE ESPANTO,
O RATO QUIS RECUAR,
MAS RESOLVEU ROER
O REI.

E O RATO ROÍA E ROÍA
O REI,
QUE, DE DOR E CÓCEGAS,
ROLAVA NO CHÃO E GEMIA.
NO CHÃO ROLAVA E RIA E RIA.

O POVO FOI VER
O QUE ACONTECIA.
E, APROVEITANDO A EUFORIA,
PÔS PRA CORRER O REI
QUE RIA E GEMIA,
PÔS PRA CORRER O RATO
QUE ROÍA E ROÍA.

O FIM? EU NÃO SEI.
ERA UMA VEZ UM RATO...
ERA UMA VEZ UM REI...

O REI E O RATO, DE ELIAS JOSÉ. EM: *LUA NO BREJO COM NOVAS TROVAS*. ILUSTRAÇÕES ORIGINAIS DE GRAÇA LIMA. PORTO ALEGRE: PROJETO, 2007. P. 18.

EUFORIA: ALEGRIA EXAGERADA
GATARIA: MUITOS GATOS
RECUAR: VOLTAR ATRÁS
RÉU: ACUSADO

CENTO E SESSENTA E UM **161**

O POEMA "O REI E O RATO" FAZ PARTE DO LIVRO *LUA NO BREJO COM NOVAS TROVAS*, ESCRITO POR ELIAS JOSÉ E ILUSTRADO POR GRAÇA LIMA.

ELIAS JOSÉ NASCEU EM GUARANÉSIA, MINAS GERAIS, EM 1936 E FALECEU EM 2008. ALÉM DE POEMAS, ELE TAMBÉM ESCREVEU CONTOS E ROMANCES.

CAPA DO LIVRO *LUA NO BREJO COM NOVAS TROVAS*, DE ELIAS JOSÉ.

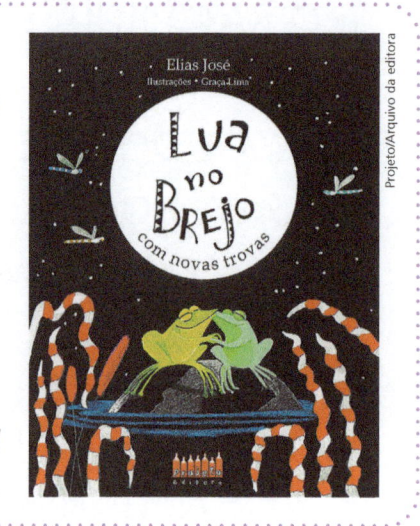

ESTUDANDO O TEXTO

1. O QUE VOCÊ ACHOU DO POEMA?

2. O QUE VOCÊ IMAGINOU QUE O RATO FOSSE ROER?

3. O QUE O RATO ROEU?

4. COM A AJUDA DO PROFESSOR, LEIA O POEMA EM VOZ ALTA. QUE SOM SE REPETE VÁRIAS VEZES?

5. COMPLETE OS NOMES DOS PERSONAGENS DESSE POEMA COM AS LETRAS QUE FALTAM.

____A____O   ____EI

6. PINTE O OUTRO ANIMAL QUE APARECE NO POEMA ALÉM DO RATO.

- AGORA, ESCREVA O NOME DO ANIMAL QUE VOCÊ PINTOU.

_____

7. AS PALAVRAS **IA** E **VINHA** QUE APARECEM NO POEMA POSSUEM SENTIDOS:

◯ PARECIDOS.   ◯ CONTRÁRIOS.

8. RELEIA UM TRECHO DO POEMA.

E O RATO ROÍA E ROÍA
O REI,
QUE, DE DOR E CÓCEGAS,
ROLAVA NO CHÃO E GEMIA.
NO CHÃO ROLAVA E RIA E RIA.

Waldomiro Neto

A. CIRCULE NESSE TRECHO AS PALAVRAS QUE SE REPETEM.

B. A REPETIÇÃO DA PALAVRA **RIA** INDICA QUE:

◯ O REI RIA MUITO.   ◯ O REI RIA POUCO.

COMO SE ESCREVE?

A LETRA R

1. RELEIA UM TRECHO DO POEMA "O REI E O RATO".

> O RATO ROEU
> A ROUPA DO REI.
> E COMO SÓ O REI
> ERA LEI,
> NO MESMO DIA,
> DECRETOU O RATO RÉU
> E CONVOCOU A GATARIA.

CIRCULE O NOME DOS PERSONAGENS TODAS AS VEZES QUE APARECEM NESSE TRECHO.

2. QUAL É A PRIMEIRA LETRA DOS NOMES QUE VOCÊ CIRCULOU?

3. QUAL NOME DA TURMA COMEÇA COM ESSA MESMA LETRA?

4. ESCREVA A PRIMEIRA LETRA DO NOME DE CADA IMAGEM ABAIXO E DESCUBRA OUTRO ANIMAL QUE TAMBÉM POSSUI A LETRA **R** NO NOME.

164 CENTO E SESSENTA E QUATRO

PRATIQUE E APRENDA

1. OBSERVE AS IMAGENS DOS GRUPOS ABAIXO.

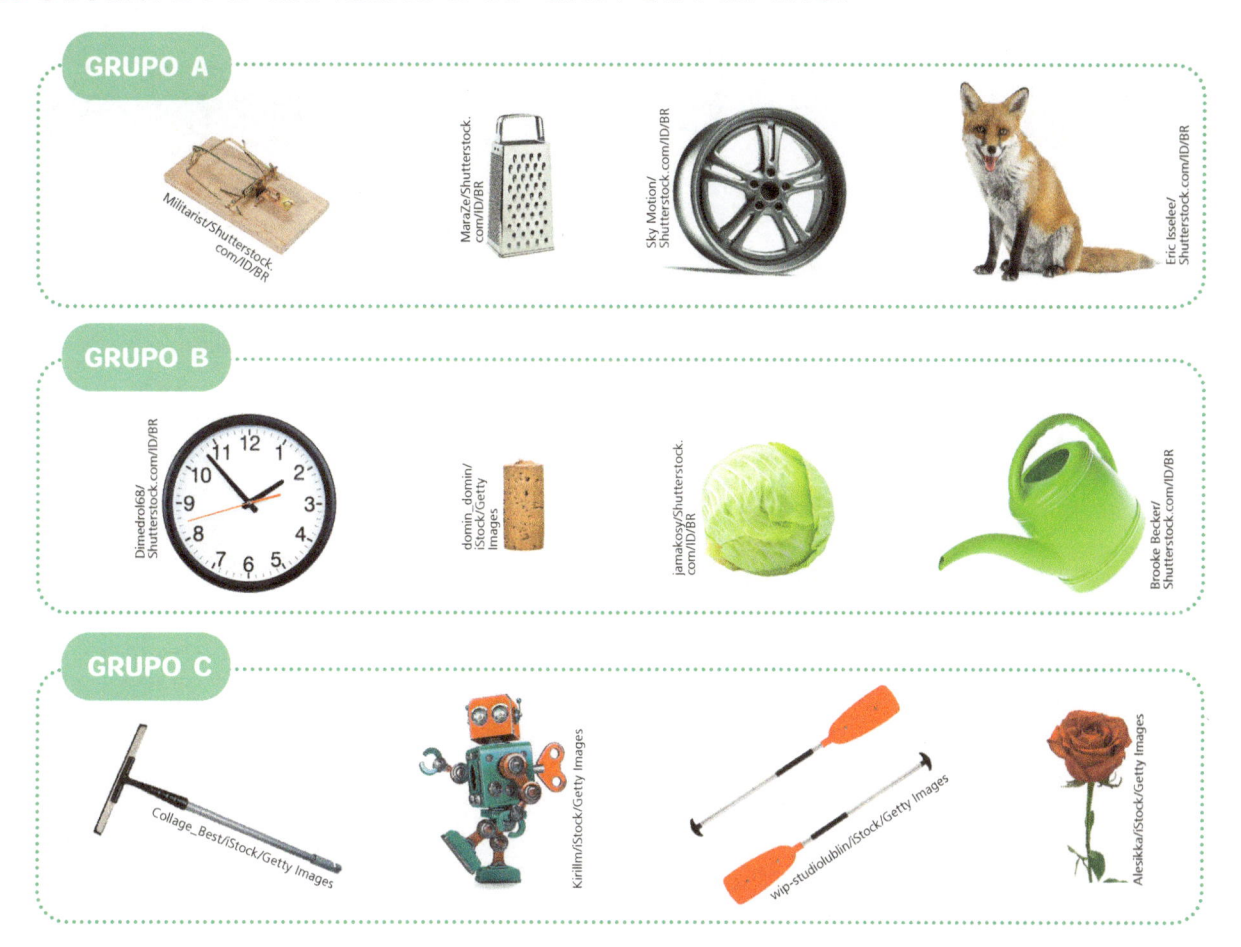

GRUPO A

GRUPO B

GRUPO C

AGORA, CIRCULE A IMAGEM CUJO NOME COMEÇA COM UMA SÍLABA DIFERENTE DAS DEMAIS EM CADA GRUPO.

2. OBSERVE OS NOMES DE CADA PAR DE IMAGENS.

RAQUETE

RATO

MAQUETE

PATO

CIRCULE O QUE ESTÁ DIFERENTE ENTRE CADA PAR DE NOMES.

CENTO E SESSENTA E CINCO **165**

3. RESOLVA AS ADIVINHAS E DESCUBRA PALAVRAS QUE COMEÇAM COM A LETRA R. SE PRECISAR, CONSULTE AS IMAGENS ABAIXO.

A. AS PESSOAS DEITAM EM MIM, MAS NÃO SOU A CAMA.

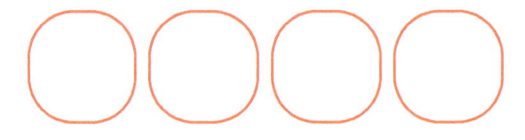

○ ○ ○ ○

B. POR MIM ANDAM PESSOAS, CARROS E ANIMAIS.

○ ○ ○

C. TOCO MÚSICAS, MAS NÃO SOU UM INSTRUMENTO MUSICAL.

○ ○ ○ ○ ○

DIVIRTA-SE E APRENDA

DOMINÓ DOS ANIMAIS

VOCÊ JÁ VIU QUE APRENDEMOS MUITO BRINCANDO. CHEGOU A HORA DE BRINCAR COM O DOMINÓ DOS ANIMAIS E, ASSIM, APRENDER MAIS SOBRE A ESCRITA DOS NOMES DE ALGUNS DELES.

DESTAQUE AS PEÇAS QUE ESTÃO NAS PÁGINAS **235** A **241** E SIGA AS INSTRUÇÕES DO PROFESSOR. DEPOIS, É SÓ SE DIVERTIR!

CARACOL

CANGURU

COMPARANDO TEXTOS

VAMOS CONHECER OUTRO TEXTO QUE TAMBÉM FALA SOBRE UM RATO QUE ROEU ALGO.

O RATO ROEU A ROUPA DO REI DE ROMA.

A RAINHA RAIVOSA RASGOU O RESTO.

TRAVA-LÍNGUA POPULAR.

1. PINTE, NO TEXTO, A LETRA **R**.

2. REPITA ESSE TRAVA-LÍNGUA BEM RÁPIDO. CONSEGUIU? VOCÊ ACHOU FÁCIL OU DIFÍCIL?

3. O QUE ESSE TEXTO TEM DE PARECIDO COM O POEMA "O REI E O RATO"?

4. CIRCULE A PERSONAGEM QUE APARECE NESSE TRAVA-LÍNGUA ALÉM DO REI E DO RATO.

5. O QUE ACONTECE NO FINAL DESSE TRAVA-LÍNGUA É O MESMO QUE ACONTECE NO FINAL DO POEMA "O REI E O RATO"?

CENTO E SESSENTA E SETE **167**

LENDO OUTRO POEMA

ESTE POEMA TRAZ COMO PERSONAGEM UM JACARÉ. O QUE VOCÊ SABE SOBRE ESSE ANIMAL? O QUE VOCÊ ESPERA QUE O TEXTO DIGA SOBRE ELE?

OS DENTES DO JACARÉ

DE MANHÃ ATÉ A NOITE,
JACARÉ ESCOVA OS DENTES,
ESCOVA COM MUITO ZELO
OS DO MEIO E OS DA FRENTE.

— E OS DENTES DE TRÁS, JACARÉ?

DE MANHÃ ESCOVA OS DA FRENTE
E DE TARDE OS DENTES DO MEIO,
QUANDO VAI ESCOVAR OS DE TRÁS,
QUASE MORRE DE RECEIO.

— E OS DENTES DE TRÁS, JACARÉ?

RECEIO: MEDO
ZELO: CUIDADO

DESEJAVA VISITAR
SEU COMPADRE CROCODILO,
MAS MORRIA DE PREGUIÇA:
QUE BOCEJOS! QUE COCHILOS!

— JACARÉ, E OS DENTES DE TRÁS?

FOI A PERGUNTA QUE OUVIU
NUM SONHO QUE ENTÃO SONHOU,
CAIU DA CAMA ASSUSTADO
E ESCOVOU, ESCOVOU, ESCOVOU.

OS DENTES DO JACARÉ, DE SÉRGIO CAPPARELLI. EM: *BOI DA CARA PRETA*.
ILUSTRAÇÕES ORIGINAIS DE CAULOS. PORTO ALEGRE: L&PM, 1983. P. 16.

O POEMA "OS DENTES DO JACARÉ" FOI PUBLICADO NO LIVRO *BOI DA CARA PRETA*, ESCRITO POR SÉRGIO CAPPARELLI E ILUSTRADO POR CAULOS.

O POETA SÉRGIO CAPPARELLI NASCEU EM UBERLÂNDIA, MINAS GERAIS, EM 1947, E JÁ PUBLICOU VÁRIOS LIVROS PARA CRIANÇAS.

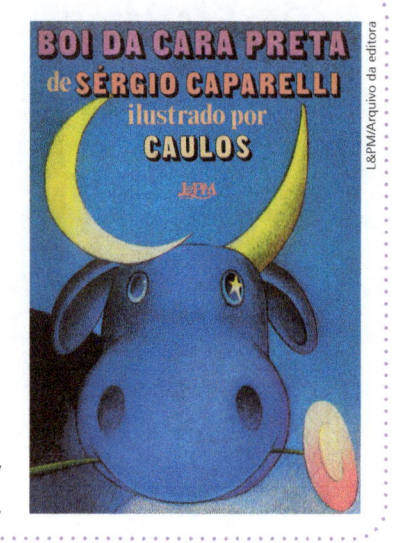

CAPA DO LIVRO *BOI DA CARA PRETA*, DE SÉRGIO CAPPARELLI.

ESTUDANDO O TEXTO

1. O POEMA FALOU SOBRE O JACARÉ DO MODO COMO VOCÊ IMAGINOU?

2. VOCÊ GOSTOU DO POEMA? POR QUÊ?

3. VOCÊ ACHA QUE ESSE POEMA PROVOCA RISO E GRAÇA OU SUSTO E MEDO? POR QUÊ?

4. EM SUA OPINIÃO, POR QUE O JACARÉ FOI ESCOLHIDO PARA SER O ANIMAL QUE ESCOVA OS DENTES E NÃO OUTRO BICHO?

5. PINTE OS DENTES QUE O JACARÉ ESCOVA DE ACORDO COM AS CORES INDICADAS.

- DE MANHÃ
- À TARDE

6. O QUE ACONTECE COM O JACARÉ QUANDO ELE VAI ESCOVAR OS DENTES DE TRÁS?

○ QUASE MORRE DE RECEIO.

○ ENGASGA COM A PASTA DE DENTE.

7. POR QUE O JACARÉ NÃO VISITAVA O COMPADRE CROCODILO?

_____

_____

8. O JACARÉ OUVIU UMA PERGUNTA EM SEU SONHO.

A. O QUE ACONTECEU COM ELE QUANDO OUVIU ESSA PERGUNTA?

_____

_____

B. PINTE O SINAL DE PONTUAÇÃO QUE FINALIZA AS PERGUNTAS DO POEMA.

| : | ? | ! | . |

9. RELEIA UM TRECHO DO POEMA.

> QUE BOCEJOS! QUE COCHILOS!

O QUE O PONTO DE EXCLAMAÇÃO INDICA NESSE TRECHO?

○ DÚVIDA.   ○ PERGUNTA.   ○ ADMIRAÇÃO.

10. VOCÊ JÁ VIU UM JACARÉ DE VERDADE ESCOVANDO OS DENTES? POR QUÊ?

LENDO COM EXPRESSIVIDADE

O QUE VOCÊ ACHA DE RECITAR O POEMA "OS DENTES DO JACARÉ" PARA AS OUTRAS TURMAS? O PROFESSOR VAI AJUDAR A ORGANIZAR E ENSAIAR ESSA ATIVIDADE.

QUE CURIOSO!

JACARÉ OU CROCODILO?

APESAR DE MUITO PARECIDOS, JACARÉ E CROCODILO TÊM SUAS DIFERENÇAS. OS JACARÉS TÊM FOCINHO LARGO E ARREDONDADO. JÁ OS CROCODILOS TÊM A CABEÇA MAIS FINA. MAS A DIFERENÇA MAIOR É NOS DENTES: OS CROCODILOS POSSUEM UM QUARTO DENTE QUE FICA EXPOSTO, APONTADO PARA CIMA, MESMO COM A BOCA FECHADA. O MESMO DENTE NOS JACARÉS FICA ESCONDIDO DENTRO DA BOCA. NO BRASIL, NÃO HÁ NENHUMA ESPÉCIE DE CROCODILO.

JACARÉ.

CROCODILO.

APRENDA MAIS!

UM HIPOPÓTAMO BONZINHO TOCA A CAMPAINHA EM BUSCA DE AJUDA. OS PERSONAGENS DESSA HISTÓRIA VÃO BRINCAR, FAZER MUITA BAGUNÇA, SE MOLHAR E COMER UMA SALADA BEM CROCANTE NO FINAL.

É ISSO O QUE FAZ UM HIPOPÓTAMO SORRIR!, DE SEAN TAYLOR. SÃO PAULO: SM, 2014.

COMO SE ESCREVE?

A LETRA J

1. RELEIA UM TRECHO DO POEMA "OS DENTES DO JACARÉ".

DE MANHÃ ATÉ A NOITE,
JACARÉ ESCOVA OS DENTES,
ESCOVA COM MUITO ZELO
OS DO MEIO E OS DA FRENTE.

– E OS DENTES DE TRÁS, JACARÉ?

Rivaldo Barboza

AGORA, ESCREVA O NOME DO ANIMAL QUE APARECE NESSE TRECHO.

_____

2. QUAL É A LETRA INICIAL DO NOME QUE VOCÊ ESCREVEU?

3. QUAL NOME DA TURMA COMEÇA COM ESSA MESMA LETRA?

CENTO E SETENTA E TRÊS 173

PRATIQUE E APRENDA

1. ESCREVA O NOME DESTES ANIMAIS

_____   _____   _____

- QUAL SÍLABA APARECE NOS TRÊS NOMES ACIMA?

2. LEIA COM ATENÇÃO A PALAVRA ABAIXO.

JABUTICABEIRA

A. DESCUBRA O NOME DE UM ANIMAL QUE ESTÁ ESCONDIDO NESSA PALAVRA E PINTE-O.

B. AGORA, ENCONTRE ESSE ANIMAL NA IMAGEM E PINTE-O.

3. COMPLETE O NOME DE CADA IMAGEM COM A SÍLABA QUE FALTA.

_____NELA _____NELA _____NELA

4. ESCREVA OS NOMES DAS IMAGENS ABAIXO.

- CIRCULE, NAS PALAVRAS QUE VOCÊ ESCREVEU, AS SÍLABAS **JA**, **JE**, **JI**, **JO** E **JU**.

CENTO E SETENTA E CINCO

DIVIRTA-SE E APRENDA
NOMES DE ANIMAIS

DICA
OS ANIMAIS ESTÃO ILUSTRADOS NO FINAL DA ATIVIDADE.

1. DESEMBARALHE AS SÍLABAS ABAIXO PARA DESCOBRIR ALGUNS NOMES DE ANIMAIS.

A ME-CA-LO

_____

C CA-MA-CO

_____

B VA-CA-LO

_____

D BU-JA-TI

_____

2. VAMOS CONHECER ALGUNS BICHOS MALUCOS? TENTE ADIVINHAR OS NOMES DOS DOIS ANIMAIS QUE DERAM ORIGEM A ESTES BICHOS E ESCREVA-OS.

GATARINHO

FORMIGLETA

_____   _____

_____   _____

176 CENTO E SETENTA E SEIS

POR DENTRO DO TEMA

EDUCAÇÃO AMBIENTAL

CUIDAR DO MEIO AMBIENTE É TAMBÉM CUIDAR DOS ANIMAIS

MESMO COM DIVERSAS CAMPANHAS DE CONSCIENTIZAÇÃO, MUITAS PESSOAS CONTINUAM DESTRUINDO A NATUREZA. OS ANIMAIS SÃO OS PRIMEIROS A SOFRER AS CONSEQUÊNCIAS DISSO, JÁ QUE MUITOS DELES PERDEM SEU HÁBITAT, OU SEJA, O LOCAL EM QUE VIVEM.

A **DECLARAÇÃO UNIVERSAL DOS DIREITOS DOS ANIMAIS** BUSCA GARANTIR O RESPEITO, A PROTEÇÃO E O BEM-ESTAR DE TODAS AS ESPÉCIES. CONHEÇA ALGUNS DESSES DIREITOS.

DECLARAÇÃO UNIVERSAL DOS DIREITOS DOS ANIMAIS

1. TODOS OS ANIMAIS TÊM O MESMO DIREITO À VIDA.
2. TODOS OS ANIMAIS TÊM DIREITO AO RESPEITO E À PROTEÇÃO DO HOMEM.
3. NENHUM ANIMAL DEVE SER MALTRATADO.
4. TODOS OS ANIMAIS SELVAGENS TÊM O DIREITO DE VIVER LIVRES NO SEU HÁBITAT.

[...]

DECLARAÇÃO UNIVERSAL DOS DIREITOS DOS ANIMAIS. *APASFA - ASSOCIAÇÃO PROTETORA DE ANIMAIS SÃO FRANCISCO DE ASSIS*. DISPONÍVEL EM: <HTTP://WWW.APASFA.ORG/LEIS/DECLARACAO.SHTML>. ACESSO EM: 19 SET. 2017.

- VOCÊ ACHA IMPORTANTE RESPEITAR ESSES E OUTROS DIREITOS DOS ANIMAIS? POR QUÊ?

CENTO E SETENTA E SETE **177**

LENDO UMA NOTÍCIA

VAMOS LER UMA NOTÍCIA SOBRE COMO ALGUNS GATOS SE DIVERTEM. COMO VOCÊ ACHA QUE ELES PODEM SE DIVERTIR? ACOMPANHE A LEITURA DO TEXTO E DESCUBRA.

HTTPS://JORNALJOCA.COM.BR/

GATOS USAM *TABLETS* EM ABRIGO DO CANADÁ

UMA ORGANIZAÇÃO QUE ACOLHE ANIMAIS ABANDONADOS RESOLVEU DAR NOVOS "BRINQUEDOS" PARA OS GATINHOS SE DIVERTIREM.

EM VEZ DE BOLINHAS E RATINHOS, A REGINA HUMAN SOCIETY, QUE FICA NO CANADÁ, DÁ AOS BICHANOS *TABLETS*, PARA QUE ELES POSSAM PASSAR O TEMPO JOGANDO EM APLICATIVOS DE *GAMES*.

GATO DO ABRIGO REGINA HUMAN SOCIETY, NO CANADÁ, BRINCANDO COM UM *TABLET*.

OS JOGOS COSTUMAM ENVOLVER JOGADAS EM QUE OS GATOS DEVEM "PEGAR", COM AS PATAS, ANIMAIS COMO RATOS, INSETOS E PEIXES. CONFORME ELES VÃO ATINGINDO SEUS OBJETIVOS, AS DIFICULDADES VÃO AUMENTANDO, COMO ACONTECE NOS JOGOS PARA HUMANOS.

SEGUNDO OS VOLUNTÁRIOS DA ORGANIZAÇÃO, OS GATOS SÃO ÓTIMOS JOGADORES. ALÉM DE CONSEGUIREM PEGAR AS PRESAS COM FACILIDADE, ELES ATÉ TÊM O HÁBITO DE DIVIDIR O *TABLET* COM OUTROS GATOS, COMO SE ESTIVESSEM ALTERNANDO AS JOGADAS.

GATO PEGANDO UM DOS PEIXES EM JOGO NO *TABLET*.

GATOS USAM *TABLETS* EM ABRIGO DO CANADÁ. *JORNAL JOCA*, SÃO PAULO, MAGIA DE LER, 4 JAN. 2017. MALUQUICES. DISPONÍVEL EM: <HTTPS://WWW.JORNALJOCA.COM.BR/GATOS-USAM-IPADS-EM-ABRIGO-DO-CANADA/>. ACESSO EM: 31 AGO. 2017.

A NOTÍCIA QUE VOCÊ LEU FOI PUBLICADA NO *SITE* DO *JORNAL JOCA*, UM JORNAL DESTINADO PARA CRIANÇAS E JOVENS. NESSE *SITE*, É POSSÍVEL ENCONTRAR, ALÉM DE NOTÍCIAS, REPORTAGENS, ENTREVISTAS, CURIOSIDADES ETC.

PÁGINA INICIAL DO *SITE* DO *JORNAL JOCA*.

ESTUDANDO O TEXTO

1. DE QUE TRATA A NOTÍCIA LIDA?

2. A FORMA COMO OS GATOS SE DIVERTEM, RETRATADA NA NOTÍCIA, É COMO VOCÊ IMAGINOU?

3. CIRCULE A IMAGEM QUE REPRESENTA O OBJETO QUE OS GATOS ESTÃO USANDO PARA BRINCAR.

> **VAMOS NOS CONECTAR**
>
> APARELHOS ELETRÔNICOS, COMO CELULARES E TABLETS, PODEM SER MUITO ÚTEIS, MAS DEVEMOS USÁ-LOS SEM EXAGERO.

4. DE QUE PAÍS É A ORGANIZAÇÃO CITADA NA NOTÍCIA?

◯ BRASIL.   ◯ ESTADOS UNIDOS.   ◯ CANADÁ.

5. SEGUNDO OS VOLUNTÁRIOS, POR QUE OS GATOS SÃO ÓTIMOS JOGADORES?

◯ PORQUE SÃO MUITO COMPETITIVOS E SÓ JOGAM SOZINHOS.

◯ PORQUE ELES PEGAM AS PRESAS COM FACILIDADE E DIVIDEM O APARELHO COM OUTROS GATOS.

6. NO TEXTO, OUTRAS PALAVRAS SÃO USADAS PARA NOMEAR OS GATOS. CIRCULE-AS.

- GATINHOS
- RATOS
- INSETOS
- PEIXES
- BICHANOS
- JOGOS
- FELPUDOS
- FELINOS
- PEQUENOS

7. O OBJETIVO DA NOTÍCIA LIDA É:

( ) NARRAR UMA HISTÓRIA SOBRE GATOS.

( ) INFORMAR UM FATO CURIOSO SOBRE GATOS.

( ) ENSINAR OS GATOS A USAR APARELHOS ELETRÔNICOS.

8. ABAIXO DAS FOTOS QUE ACOMPANHAM A NOTÍCIA, APARECE UM TEXTO CHAMADO **LEGENDA**. QUAL É A FUNÇÃO DAS LEGENDAS?

( ) AMPLIAR AS INFORMAÇÕES RELACIONADAS À IMAGEM.

( ) INFORMAR ONDE A NOTÍCIA FOI PUBLICADA ORIGINALMENTE.

9. QUE TAL PESQUISAR OUTROS TEXTOS QUE APRESENTEM ALGUM FATO CURIOSO SOBRE OUTROS ANIMAIS? ANOTE AS PRINCIPAIS INFORMAÇÕES E TRAGA PARA A SALA DE AULA PARA APRESENTAR AOS COLEGAS.

PRATIQUE E APRENDA

1. VAMOS VER OUTRAS FOTOS DE ANIMAIS COM SUAS LEGENDAS?

CÃO ESTADUNIDENSE CHAMADO JACK EQUILIBRA OBJETOS NO FOCINHO.

NA SAVANA, ANIMAIS APROVEITAM A "CHUVEIRADA" DO ELEFANTE PARA SE REFRESCAR.

A. QUAIS CARACTERÍSTICAS ESSE TIPO DE LEGENDA POSSUI?

◯ SÃO LONGAS.

◯ SÃO CURTAS.

◯ APRESENTAM INFORMAÇÕES QUE NEM SEMPRE SE REFEREM À IMAGEM.

◯ APRESENTAM INFORMAÇÕES SOBRE AS IMAGENS.

B. VERIFIQUE SE VOCÊ DESEJA ACRESCENTAR OU MUDAR ALGO NELAS E FAÇA AS ALTERAÇÕES NO CADERNO.

2. LIGUE CADA FOTO À LEGENDA MAIS ADEQUADA.

> **DICA**
> OBSERVE A PALAVRA EM DESTAQUE NA LEGENDA. ELA PODE AJUDAR A DESCOBRIR A RESPOSTA.

FILHOTES DE **CÃO** E **GATO** CONVIVEM AMIGAVELMENTE.

URSO-POLAR É FOTOGRAFADO ENQUANTO NADA.

AVESTRUZ PARECE SORRIR AO OLHAR PARA FOTÓGRAFO.

PANDA ADORMECE EM GALHO DE ÁRVORE.

CENTO E OITENTA E TRÊS 183

3. COPIE A LEGENDA QUE MELHOR SE RELACIONA COM A FOTO ABAIXO.

FILHOTE DE ORANGOTANGO BRINCA EM UM GALHO DE ÁRVORE COM A MÃE.

FILHOTE DE ORANGOTANGO É ALIMENTADO PELA MÃE.

_____

_____

4. AGORA, COM A AJUDA DO PROFESSOR, CRIE UMA LEGENDA PARA A IMAGEM ABAIXO.

_____

_____

184 CENTO E OITENTA E QUATRO

COMO SE ESCREVE?

A LETRA G

1. COMPLETE O NOME DO ANIMAL ABAIXO COM A LETRA QUE ESTÁ FALTANDO.

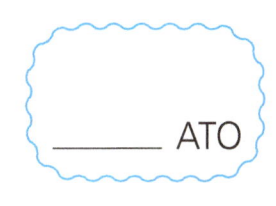

_____ ATO

2. ESCREVA OS NOMES DOS ANIMAIS RETRATADOS ABAIXO. NELES TAMBÉM HÁ A SÍLABA **GA** DE **GATO**.

3. QUAL DESSAS FLORES TAMBÉM POSSUI A SÍLABA **GA** EM SEU NOME? CIRCULE A IMAGEM.

CENTO E OITENTA E CINCO **185**

PRATIQUE E APRENDA

1. COMPLETE O NOME DOS ANIMAIS COM A SÍLABA QUE FALTA.

_____TO   _____TO   _____TO

2. COMPLETE AS LEGENDAS A SEGUIR COM AS PALAVRAS QUE FALTAM.

O _____ CHEGA A PULAR A UMA ALTURA DE QUASE 2 METROS.

O _____ PASSA O DIA PENDURADO DE CABEÇA PARA BAIXO.

3. ESCREVA NO DIAGRAMA OS NOMES DOS ANIMAIS. SE PRECISAR, PESQUISE ESSES NOMES NO QUADRO DE PALAVRAS A SEGUIR.

4 LETRAS	6 LETRAS	7 LETRAS	8 LETRAS
GATO	GORILA	GAIVOTA	GOLFINHO
GALO	GAZELA	CANGURU	ELEFANTE
PATO	TEXUGO	FORMIGA	CACHORRO

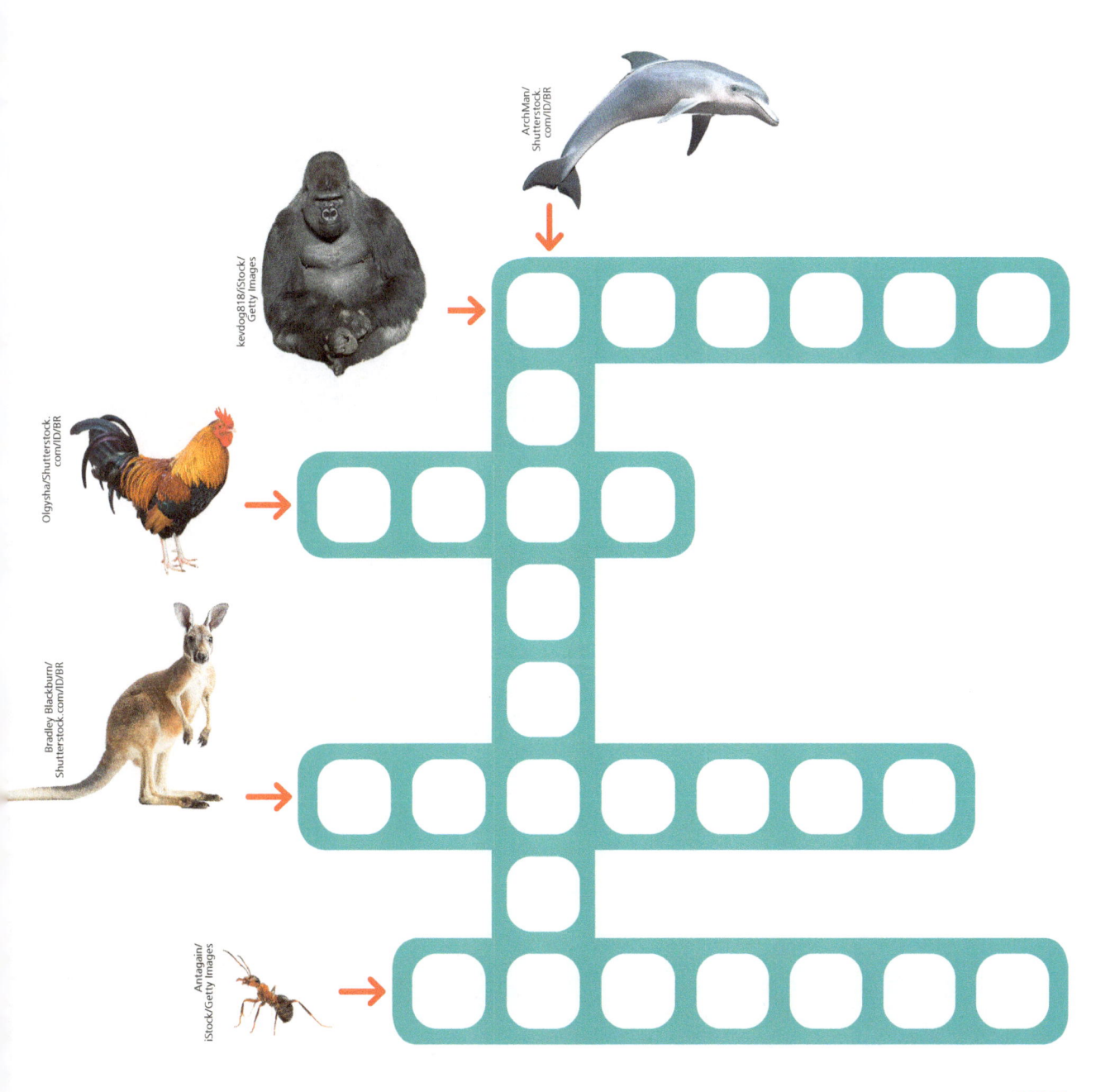

CENTO E OITENTA E SETE **187**

PRODUÇÃO ESCRITA

PRODUZIR LEGENDA PARA FOTO

O QUE VOCÊ ACHA DE CRIAR UMA LEGENDA PARA A FOTO DE UM ANIMAL E EXPOR ESSE TRABALHO EM UM MURAL PARA A COMUNIDADE ESCOLAR?

VEJA COMO FAZER.

PLANEJE

- PESQUISE A IMAGEM DE UM ANIMAL E RECORTE-A.
- PESQUISE INFORMAÇÕES SOBRE ESSE ANIMAL.
- SELECIONE A INFORMAÇÃO QUE DESEJA ESCREVER NA LEGENDA.

ESCREVA

- ESCREVA UMA LEGENDA PARA A FOTO ESCOLHIDA.
- O TEXTO DEVE SER CURTO E SE RELACIONAR COM A IMAGEM.

REVISE

- COM A AJUDA DO PROFESSOR, LEIA A SUA LEGENDA PARA VERIFICAR SE É NECESSÁRIO MODIFICAR ALGO.

Fotos: BMJ, Ehrman Photographic, Liliac e Nasetkina Yulia/Shutterstock.com/ID/BR

REESCREVA

- EM UMA FOLHA DE PAPEL DE SEU CADERNO, VOCÊ VAI COLAR A FOTO, PASSAR A LIMPO SEU TEXTO E ESCREVER SEU NOME.

GIRAFA FAZ ALONGAMENTO E MATA A SEDE NO QUÊNIA.

PARA FAZER JUNTOS!

MURAL DE FOTO COM LEGENDA

- ORGANIZEM AS FOTOS COM AS LEGENDAS EM UMA MESA PARA VISUALIZAR O QUE FOI PRODUZIDO. DEPOIS, COLEM-NAS EM UM PAPEL GRANDE.

- ESCOLHAM UM LOCAL DA ESCOLA ONDE HÁ GRANDE CIRCULAÇÃO DE PESSOAS PARA QUE ELAS POSSAM VER AS FOTOS COM LEGENDAS QUE VOCÊS ELABORARAM.

AVALIE

	SIM	NÃO
PESQUISEI A FOTO DE UM ANIMAL PARA CRIAR A LEGENDA?		
ESCREVI UMA LEGENDA CURTA E RELACIONADA AO ANIMAL DA FOTO?		
AJUDEI NA ORGANIZAÇÃO DO MURAL DE FOTOS COM LEGENDAS DA TURMA?		

PONTO DE CHEGADA

1. ESCREVA O NOME DE CADA UMA DAS IMAGENS A SEGUIR.

> **DICA**
> TODAS ELAS COMEÇAM COM A LETRA **R**.

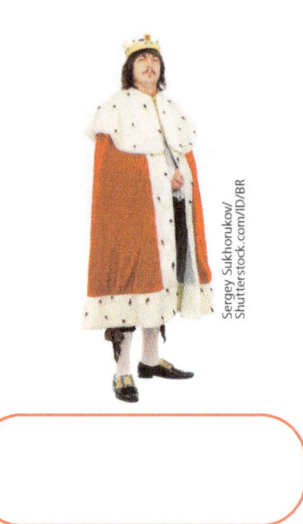

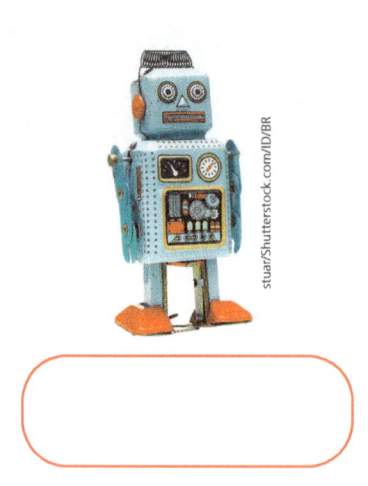

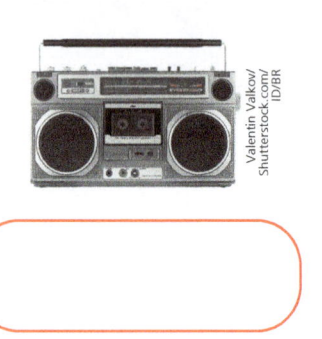

2. COMPLETE AS PALAVRAS A SEGUIR COM **JA**, **JI** OU **JO**.

_____VALI   _____PE   TI_____LO

3. COMPLETE O NOME DOS ANIMAIS COM **GA**, **GO** OU **GU**.

_____TO   MORCE_____   CAN_____RU

UNIDADE

8 ERA UMA VEZ...

PONTO DE PARTIDA

1. QUEM SÃO OS PERSONAGENS REPRESENTADOS NA IMAGEM?

2. DAS HISTÓRIAS CLÁSSICAS, QUAL É A SUA FAVORITA?

CENTO E NOVENTA E UM **191**

LENDO UM CONTO MARAVILHOSO

VEJA AS ILUSTRAÇÕES DO TEXTO. VOCÊ CONSEGUE DIZER A QUAL HISTÓRIA ELAS SE REFEREM?

OUÇA A LEITURA DA HISTÓRIA.

OS TRÊS PORQUINHOS

ERA UMA VEZ TRÊS PORQUINHOS IRMÃOS QUE VIVIAM EM UM VILAREJO. O MAIS VELHO PASSAVA O DIA TRABALHANDO, ENQUANTO OS OUTROS DOIS BRINCAVAM.

CANSADO DE TRABALHAR SOZINHO, O PORQUINHO MAIS VELHO DECIDIU QUE CADA UM CONSTRUIRIA SUA PRÓPRIA CASA.

O PORQUINHO MAIS NOVO QUERIA ACABAR LOGO E IR BRINCAR. ENTÃO, CONSTRUIU UMA CASA DE PALHA. O PORQUINHO DO MEIO TAMBÉM QUERIA BRINCAR, POR ISSO FEZ UMA CASA DE MADEIRA. JÁ O PORQUINHO MAIS VELHO CONSTRUIU UMA CASA DE TIJOLOS.

CERTO DIA, O PORQUINHO MAIS NOVO ESTAVA BRINCANDO NO QUINTAL QUANDO VIU UM LOBO SAIR DA FLORESTA. CORREU O MÁXIMO QUE PÔDE PARA SUA CASA E LÁ SE TRANCOU.

O LOBO, APROXIMANDO-SE DA CASA, GRITOU:

— ABRA ESSA PORTA!

— NÃO VOU ABRIR! — DISSE O PORQUINHO.

— ENTÃO VOU SOPRAR E SOPRAR E SOPRAR, ATÉ DERRUBAR A SUA CASA!

— VÁ EM FRENTE, SEU LOBO MAU!

PARA A TRISTEZA DO IRMÃO MAIS NOVO, A CASA DE PALHA FOI PELOS ARES NO PRIMEIRO SOPRO DO LOBO.

MAIS DO QUE DEPRESSA, O PORQUINHO PÔS-SE A CORRER ATÉ A CASA DE MADEIRA DO IRMÃO DO MEIO. JUNTOS, SE TRANCARAM.

— ABRAM ESSA PORTA! — DISSE O LOBO.

— NÃO VAMOS ABRIR! — RESPONDERAM.

— ENTÃO VOU SOPRAR E SOPRAR E SOPRAR, ATÉ DERRUBAR A SUA CASA!

O LOBO SOPROU, FAZENDO A CASA TREMER. PUXOU MAIS AR E SOPROU COM MAIS FORÇA, ATÉ QUE TUDO FOI PELOS ARES.

DESESPERADOS, OS PORQUINHOS CORRERAM PARA A CASA DO IRMÃO MAIS VELHO, QUE ESTAVA COMEÇANDO A FAZER O JANTAR.

O IRMÃO MAIS VELHO ACOLHEU OS DOIS IRMÃOS E TRANCOU A PORTA.

— ABRAM ESSA PORTA! — GRITOU O LOBO.

— NÃO VAMOS ABRIR! — RESPONDERAM.

— ENTÃO VOU SOPRAR E SOPRAR E SOPRAR, ATÉ DERRUBAR A SUA CASA!

E O LOBO SOPROU UMA, DUAS, TRÊS VEZES, E A CASA NEM SE MEXEU. VIU, ENTÃO, A CHAMINÉ E PENSOU: "É POR ALI MESMO QUE VOU ENTRAR".

O PORQUINHO MAIS VELHO, PERCEBENDO A ESPERTEZA DO LOBO, LOGO VIU QUE ELE NÃO ERA TÃO ESPERTO ASSIM. E FALOU:

— AJUDEM-ME A COLOCAR LENHA NO FOGO.

E ASSIM FIZERAM. O FOGO SUBIU E FICOU FORTE, E VOCÊS JÁ PODEM IMAGINAR O QUE ACONTECEU: O LOBO CAIU EM CIMA DAS CHAMAS, SE QUEIMANDO TODO. DA MESMA FORMA QUE ENTROU, ELE SAIU, GRITANDO DE DOR PELA FLORESTA.

DEPOIS DISSO, TUDO FICOU BEM NO VILAREJO E OS TRÊS PORQUINHOS VIVERAM FELIZES.

OS TRÊS PORQUINHOS, RECONTADO POR MARCIA PAGANINI. EM: MARCIA PAGANINI E RICARDO DALAI (ORG.). *HISTÓRIAS BEM-CONTADAS*. ILUSTRAÇÕES ORIGINAIS DE CASSIA NAOMI NAKAI. LONDRINA: MADREPÉROLA, 2016. P. 27-29.

O CONTO QUE VOCÊ LEU FAZ PARTE DO LIVRO *HISTÓRIAS BEM-CONTADAS*, DE MARCIA PAGANINI E RICARDO DALAI E ILUSTRADO POR CASSIA NAOMI NAKAI. NESSE LIVRO, ALÉM DE CONTOS MARAVILHOSOS E DE FADAS, PODEMOS LER FÁBULAS E CONTOS POPULARES.

CAPA DO LIVRO *HISTÓRIAS BEM-CONTADAS*, DE MARCIA PAGANINI E RICARDO DALAI.

ESTUDANDO O TEXTO

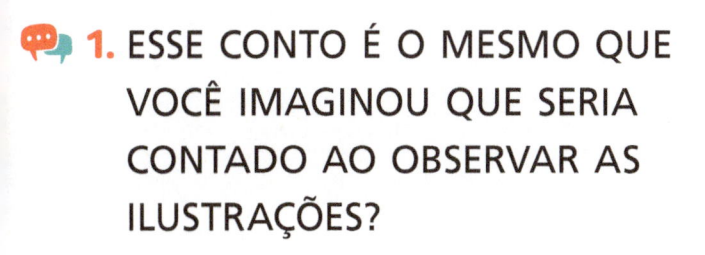

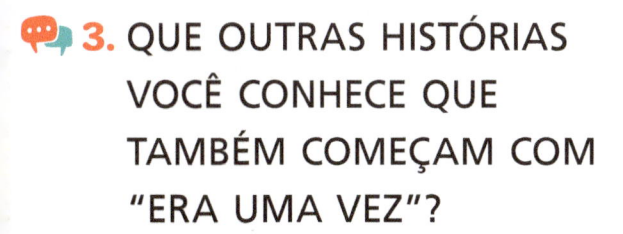

1. ESSE CONTO É O MESMO QUE VOCÊ IMAGINOU QUE SERIA CONTADO AO OBSERVAR AS ILUSTRAÇÕES?

2. VOCÊ JÁ CONHECIA ESSA HISTÓRIA?

3. QUE OUTRAS HISTÓRIAS VOCÊ CONHECE QUE TAMBÉM COMEÇAM COM "ERA UMA VEZ"?

4. QUAL É O OBJETIVO DOS TEXTOS QUE SE INICIAM DESSA FORMA?

○ NOTICIAR UM FATO OCORRIDO.

○ CONTAR UMA HISTÓRIA QUE PERTENCE À FANTASIA, AO MUNDO DA IMAGINAÇÃO.

5. QUE OUTRAS EXPRESSÕES PODERIAM SER USADAS NO LUGAR DE "ERA UMA VEZ" PARA COMEÇAR UMA HISTÓRIA DESSAS?

_____
_____
_____

6. QUEM SÃO OS PERSONAGENS DESSE TEXTO?

_____
_____

7. A REPETIÇÃO DA PALAVRA **SOPRAR**, NAS FALAS DO LOBO, INDICA QUE:

○ O LOBO SOPROU MUITO.

○ O LOBO SOPROU POUCO.

8. ESCREVA O NOME DO MATERIAL UTILIZADO PARA CONSTRUIR CADA CASA.

❶ ❷ ❸

_____   _____   _____

- AGORA, RELACIONE CADA CASINHA AO SEU DONO.

    PORQUINHO MAIS NOVO: CASINHA _____.

    PORQUINHO DO MEIO: CASINHA _____.

    PORQUINHO MAIS VELHO: CASINHA _____.

9. QUAL FOI A ÚNICA CASA QUE O LOBO NÃO CONSEGUIU DERRUBAR? POR QUÊ?

_____

_____

198 CENTO E NOVENTA E OITO

10. AO PERCEBER QUE NÃO CONSEGUIRIA DERRUBAR A CASA DO PORQUINHO MAIS VELHO, O LOBO DECIDIU ENTRAR PELA:

◯ JANELA. ◯ CHAMINÉ. ◯ GARAGEM.

11. CIRCULE O TRECHO QUE REPRESENTA A CENA ABAIXO.

> DESESPERADOS, OS PORQUINHOS CORRERAM PARA A CASA DO IRMÃO MAIS VELHO [...].

> O LOBO SOPROU, FAZENDO A CASA TREMER. PUXOU MAIS AR E SOPROU COM MAIS FORÇA [...].

Rubens Tavares

DIVIRTA-SE E APRENDA

OS TRÊS PORQUINHOS

DESTAQUE DAS PÁGINAS **243** A **247** AS CASINHAS E OS PERSONAGENS E BRINQUE DE CONTAR HISTÓRIAS COM OS COLEGAS.

LÁ VEM CONTO MARAVILHOSO

OUÇA MAIS UMA HISTÓRIA QUE TAMBÉM APRESENTA UM LOBO COMO PERSONAGEM. TRATA-SE DO CONTO "CHAPEUZINHO VERMELHO".

CAPA DO LIVRO *CONTOS DE FADAS*, DE IRMÃOS GRIMM, PUBLICADO PELA EDITORA ILUMINURAS, 2005.

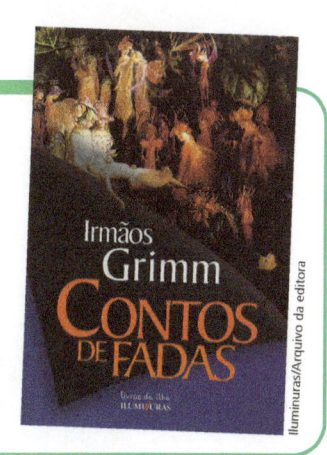

Iluminuras/Arquivo da editora

COMPARANDO TEXTOS

VOCÊ GOSTA DE LER HISTÓRIAS EM QUADRINHOS? VEJA A SEGUIR A CAPA DE UMA REVISTA DE HISTÓRIAS EM QUADRINHOS.

CASCÃO, DE MAURICIO DE SOUSA. SÃO PAULO: GLOBO, 1994 (TURMA DA MÔNICA).

1. O QUE ESSA CAPA DE REVISTA TEM EM COMUM COM O CONTO "OS TRÊS PORQUINHOS"?

2. CIRCULE O NOME DO PERSONAGEM DA TURMA DA MÔNICA QUE APARECE NESSA CAPA COM OS PORQUINHOS.

MÔNICA **CASCÃO** **CEBOLINHA** **MAGALI**

- EM SUA OPINIÃO, POR QUE ESSE PERSONAGEM APARECE AO LADO DOS PORQUINHOS?

3. PINTE A CARINHA QUE REPRESENTA COMO CASCÃO ESTÁ SE SENTINDO.

4. OBSERVE A CARA DO LOBO. EM QUE VOCÊ ACHA QUE ELE ESTÁ PENSANDO?

5. CIRCULE ABAIXO O OUTRO ELEMENTO QUE APARECE NA CAPA DA REVISTA.

DUZENTOS E UM **201**

COMO SE ESCREVE?

A LETRA L

1. VEJA SÓ QUEM ESTÁ AQUI DE NOVO!

A. ESCREVA A SEGUIR O NOME DESSE PERSONAGEM.

B. CIRCULE O PERSONAGEM CUJO NOME COMEÇA COM A MESMA LETRA DO NOME QUE VOCÊ ESCREVEU ACIMA.

LENHADOR

VOVÓ

CHAPEUZINHO VERMELHO

2. QUAL É A PRIMEIRA LETRA DO NOME DO PERSONAGEM QUE VOCÊ CIRCULOU?

3. QUAL NOME DA TURMA COMEÇA COM ESSA MESMA LETRA?

PRATIQUE E APRENDA

1. ESCREVA OS NOMES DAS IMAGENS A SEGUIR, SEPARANDO-OS EM SÍLABAS.

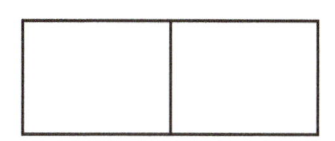

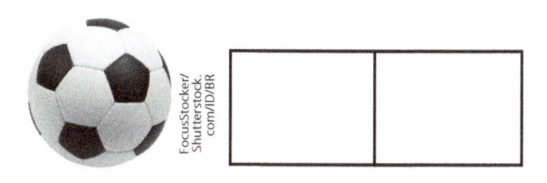

A. PINTE DA MESMA COR OS QUADRINHOS COM A MESMA SÍLABA.

B. COMPLETE AS FRASES A SEGUIR COM AS PALAVRAS DO QUADRO, DE ACORDO COM AS SÍLABAS QUE VOCÊ PINTOU.

PRIMEIRA • ÚLTIMA

- A SÍLABA **BO** É A _____ SÍLABA DA PALAVRA **LOBO**.

- A SÍLABA **BO** É A _____ SÍLABA DA PALAVRA **BOLA**.

2. VEJA O QUE ACONTECE SE TROCARMOS A POSIÇÃO DAS SÍLABAS DE ALGUMAS PALAVRAS.

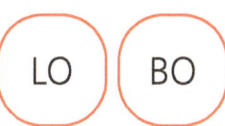

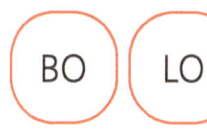

LO BO   BO LO

FAÇA O MESMO COM AS PALAVRAS A SEGUIR.

LAGO _____   MALA _____

VELA _____   LAVA _____

DUZENTOS E TRÊS **203**

3. ESCREVA O NOME DE CADA UMA DAS IMAGENS A SEGUIR, SEPARANDO ESSAS PALAVRAS EM SÍLABAS.

> **DICA** A ÚLTIMA SÍLABA DO NOME DE UMA IMAGEM É SEMPRE A PRIMEIRA SÍLABA DO NOME DA IMAGEM SEGUINTE.

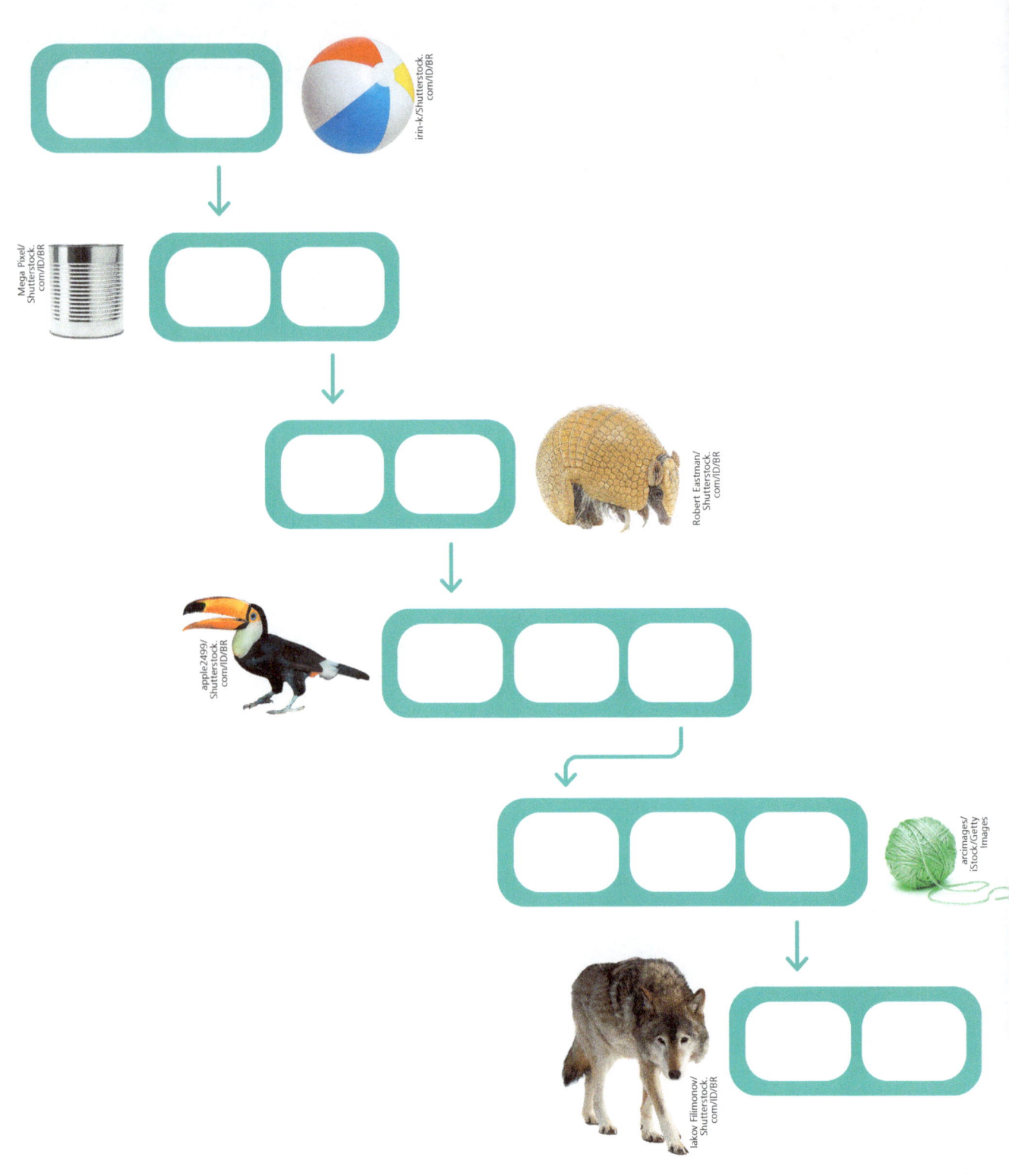

LENDO UM POEMA

ACOMPANHE A LEITURA DO PROFESSOR E DESCUBRA COMO É A CASA DE UMA BRUXA.

QUE SUJEIRA!
CASA DE BRUXA TEM RATO,
SAPO, MORCEGO E CORUJA.
PRA QUE É QUE SERVE A VASSOURA,
SE A CASA DELA É TÃO SUJA?

QUE SUJEIRA!, DE PEDRO BANDEIRA. EM: *POR ENQUANTO EU SOU PEQUENO*. 3. ED. ILUSTRAÇÕES ORIGINAIS DE ATTÍLIO. SÃO PAULO: MODERNA, 2009. P. 10 (SÉRIE PEQUENOS E SABIDOS).

ESSE POEMA É DO LIVRO *POR ENQUANTO EU SOU PEQUENO*, ESCRITO POR PEDRO BANDEIRA E ILUSTRADO POR ATTÍLIO.

PEDRO BANDEIRA NASCEU EM SANTOS, SÃO PAULO, E ESCREVE LIVROS PARA O PÚBLICO INFANTOJUVENIL.

CAPA DO LIVRO *POR ENQUANTO EU SOU PEQUENO*, DE PEDRO BANDEIRA.

DUZENTOS E CINCO **205**

ESTUDANDO O TEXTO

1. QUAL É O TÍTULO DO POEMA QUE VOCÊ LEU?

_____

2. QUAL É O NOME DO AUTOR DESSE POEMA?

_____

3. PINTE A ALTERNATIVA QUE INDICA COMO É A CASA DA BRUXA.

| SUJA | LIMPA | ARRUMADA |

4. CIRCULE OS ANIMAIS QUE PODEM SER ENCONTRADOS NA CASA DA BRUXA.

5. CIRCULE A PALAVRA QUE TEM O SOM FINAL PARECIDO COM O DA PALAVRA **SUJA**.

RATO   CORUJA   VASSOURA

6. PROCURE, NO POEMA, PALAVRAS QUE RIMAM COM OS NOMES APRESENTADOS ABAIXO.

TESOURA

PATO

_____   _____

7. DE ACORDO COM O POEMA, QUE OBJETO A BRUXA DEVERIA USAR PARA LIMPAR A CASA?

◯ VASSOURA.   ◯ ESPANADOR.   ◯ ASPIRADOR DE PÓ.

PARA FAZER JUNTOS!

O PROFESSOR VAI LEVÁ-LOS ATÉ A BIBLIOTECA PARA ESCOLHER UM LIVRO PARA LER EM CASA. DEPOIS, ELE VAI ORGANIZAR UMA RODA DE CONVERSA PARA QUE VOCÊS EXPLIQUEM POR QUE ESCOLHERAM ESSE LIVRO E O QUE ACHARAM DA HISTÓRIA.

APRENDA MAIS!

NO LIVRO *O LOBO VOLTOU!*, VÁRIOS PERSONAGENS DE CONTOS CLÁSSICOS FICAM ATERRORIZADOS COM A NOTÍCIA DE QUE O LOBO ESTÁ DE VOLTA. O QUE SERÁ QUE VAI ACONTECER? ESSA É UMA DIVERTIDA HISTÓRIA QUE MOSTRA O OUTRO LADO DO FAMOSO LOBO MAU.

O LOBO VOLTOU!, DE GEOFFROY DE PENNART. TRADUÇÃO DE GILDA DE AQUINO. SÃO PAULO: BRINQUE-BOOK, 2011.

COMO SE ESCREVE?

A LETRA X

1. LEIA O NOME DA PERSONAGEM ABAIXO, SEPARADO EM SÍLABAS.

| BRU | XA |

A. PINTE DE AMARELO O QUADRINHO QUE APRESENTA A SEGUNDA SÍLABA DESSA PALAVRA.

B. ESCREVA, NO QUADRINHO, A PRIMEIRA LETRA DESSA SÍLABA.

2. ESCREVA O NOME DAS IMAGENS ABAIXO.

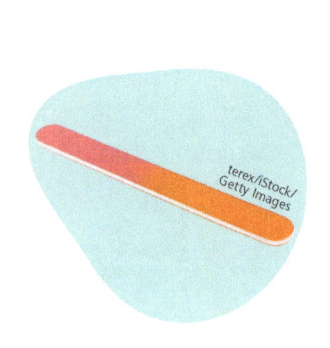

_____   _____   _____

PRATIQUE E APRENDA

1. RESPONDA ÀS QUESTÕES A SEGUIR.

> **DICA**
> CONSULTE O BANCO DE PALAVRAS NO FIM DA PÁGINA.

A. QUAL É O NOME DO REMÉDIO QUE A GENTE TOMA PARA ACABAR COM A TOSSE?

_____

B. QUE RITMO MUSICAL É MUITO DANÇADO NO NORDESTE DO BRASIL?

_____

C. QUE PALAVRA SIGNIFICA O MESMO QUE BISBILHOTEIRO, INTROMETIDO?

_____

D. COMO PODEMOS CHAMAR ALGUÉM DE QUEM GOSTAMOS MUITO?

_____

E. O QUE É USADO PARA LAVAR OS CABELOS?

_____

F. QUAL É O OBJETO USADO PARA TOMAR CAFÉ?

_____

G. QUE PEÇA DE VESTUÁRIO É USADA COMO ACESSÓRIO E PARA SE ESQUENTAR?

_____

XOTE • XAROPE • XÍCARA • XODÓ • XAMPU • XERETA • XALE

COMO SE ESCREVE?

A LETRA Z

1. LEIA A ADIVINHA A SEGUIR, COM A AJUDA DO PROFESSOR, E ESCREVA A RESPOSTA.

> O QUE É, O QUE É?
> DO MUNDO NADA RECLAMA,
> LEVA A VIDA REGALADA.
> PARECE UM CAVALO DE PIJAMA,
> SEMPRE DE ROUPA LISTRADA.
>
> ADIVINHA POPULAR.

REGALADA: COM PRAZER

_____

- ESCREVA A PRIMEIRA LETRA DO NOME QUE VOCÊ REGISTROU.

2. CIRCULE AS IMAGENS QUE POSSUEM A LETRA **Z** NO NOME.

> **DICA** SE PRECISAR, CONSULTE O NOME DAS IMAGENS NO FIM DA PÁGINA.

MAÇÃ • AZEITONA • COPO • BUZINA • BONECA • ZÍPER

210 DUZENTOS E DEZ

PRATIQUE E APRENDA

1. ESCREVA O NOME DE CADA ANIMAL RETRATADO A SEGUIR.

> **DICA**
> EM TODOS OS NOMES APARECE A LETRA **Z**.

_____   _____

_____   _____

- CIRCULE, NOS NOMES QUE VOCÊ ESCREVEU, A SÍLABA COM A LETRA **Z**.

2. VAMOS ESCREVER MAIS PALAVRAS EM QUE A LETRA **Z** APARECE? ANOTE, EM SEU CADERNO, AS PALAVRAS QUE O PROFESSOR VAI DITAR.

DUZENTOS E ONZE **211**

PRODUÇÃO ORAL E ESCRITA

RECONTAR E REGISTRAR CONTOS MARAVILHOSOS

VAMOS RECONTAR ORALMENTE AS HISTÓRIAS OUVIDAS NESTA UNIDADE?

ENTÃO FORMEM DOIS GRUPOS – UM PARA CADA HISTÓRIA:

GRUPO 1
"OS TRÊS PORQUINHOS"

GRUPO 2
"CHAPEUZINHO VERMELHO"

ENQUANTO RECONTAM, O PROFESSOR VAI REGISTRAR AS HISTÓRIAS NA LOUSA.

DEPOIS, CADA GRUPO DEVE COPIAR A HISTÓRIA EM UM CARTAZ PARA EXPÔ-LO NA SALA DE AULA.

PLANEJEM

- RELEMBREM AS SEGUINTES INFORMAÇÕES:

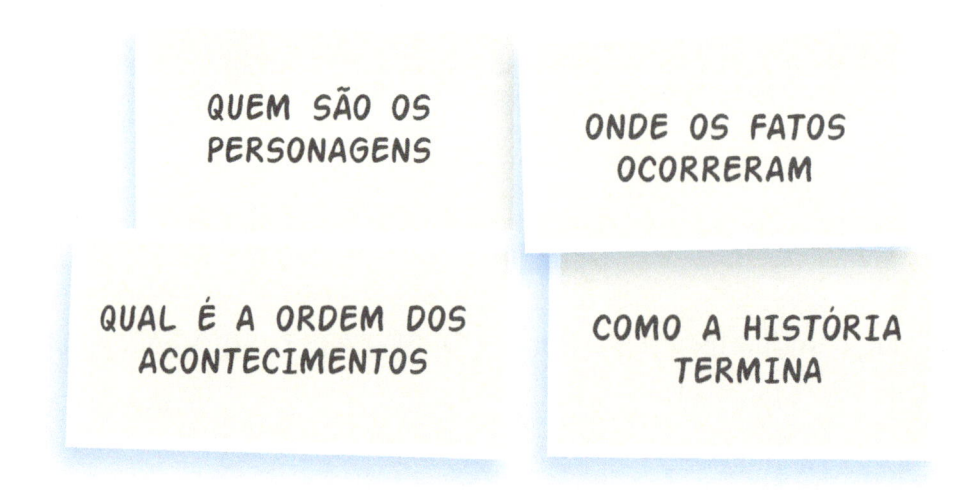

  - QUEM SÃO OS PERSONAGENS
  - ONDE OS FATOS OCORRERAM
  - QUAL É A ORDEM DOS ACONTECIMENTOS
  - COMO A HISTÓRIA TERMINA

- DECIDAM QUEM VAI DIZER AS FALAS DE CADA UM DOS PERSONAGENS DA HISTÓRIA.

APRENDA MAIS!

QUE TAL ASSISTIR A ALGUNS VÍDEOS E OBSERVAR COMO OS CONTADORES SE APRESENTAM? ACESSEM O CANAL DO **QUINTAL DA CULTURA** E VEJAM ALGUMAS CONTAÇÕES DE HISTÓRIA.

<WWW.YOUTUBE.COM/USER/QUINTALDACULTURA>

ACESSO EM: 3 FEV. 2020.

OUÇAM ALGUMAS HISTÓRIAS INFANTIS EM *PODCAST*. PARA ISSO, ACESSEM O *SITE* DO **PROGRAMA MARITACA**.

<WWW.PROGRAMAMARITACA.COM.BR>

ACESSO EM: 3 FEV. 2020.

PÁGINA INICIAL DO *SITE* PROGRAMA MARITACA.

REALIZEM

PARA O RECONTO, SIGAM AS DICAS ABAIXO.

FIQUEM DE FRENTE PARA OS OUTROS COLEGAS DA TURMA.

CONTEM A HISTÓRIA DE MANEIRA EXPRESSIVA, FAZENDO GESTOS.

UTILIZEM UM TOM DE VOZ QUE TODOS POSSAM ESCUTAR.

PRESTEM ATENÇÃO NA FALA DOS OUTROS COLEGAS PARA CONTAR A SUA PARTE NO MOMENTO CERTO.

ESCREVAM

O PROFESSOR VAI AJUDÁ-LOS A REGISTRAR AS HISTÓRIAS EM FOLHAS DE PAPEL.

LEMBREM-SE DE INSERIR O TÍTULO E AS FALAS DOS PERSONAGENS. VOCÊS PODEM FAZER DESENHOS PARA ILUSTRAR AS HISTÓRIAS.

REVISEM

O PROFESSOR VAI LER AS HISTÓRIAS EM VOZ ALTA. VERIFIQUEM SE FALTOU INDICAR ALGUM ACONTECIMENTO, ALGUMA FALA DE PERSONAGEM E SE OS FATOS FORAM REGISTRADOS NA ORDEM CORRETA.

O PROFESSOR VAI ANOTAR TUDO O QUE VOCÊS INDICAREM PARA CORRIGIR OS TEXTOS.

REESCREVAM

COM A AJUDA DO PROFESSOR, PASSEM AS HISTÓRIAS A LIMPO EM UM CARTAZ, FAZENDO AS MUDANÇAS QUE INDICARAM NA ETAPA ANTERIOR.

AO FINALIZAR, VOCÊS PODEM FAZER UM DESENHO PARA ILUSTRAR AS HISTÓRIAS.

DEPOIS DE PRONTOS, O PROFESSOR VAI FIXAR OS CARTAZES NA SALA DE AULA PARA SEREM RELIDOS SEMPRE QUE VOCÊS QUISEREM.

AVALIEM

	SIM	NÃO
INSERIMOS TODOS OS PERSONAGENS NA HISTÓRIA?		
OS FATOS FORAM CONTADOS NA ORDEM CORRETA?		
COLOCAMOS AS FALAS DOS PERSONAGENS?		
AJUDAMOS O PROFESSOR A REGISTRAR O RECONTO NO CARTAZ?		

PONTO DE CHEGADA

1. ESCREVA ABAIXO ALGUMAS PALAVRAS QUE POSSUEM A LETRA **L**.

_____   _____   _____

2. COMPLETE AS PALAVRAS A SEGUIR COM **XA**, **XE** OU **XI**.

PEI_____   _____CARA   LI_____

3. ESCREVA O NOME DE CADA UMA DAS IMAGENS A SEGUIR.

> **DICA**
> TODAS ELAS POSSUEM A LETRA **Z**.

_____   _____   _____

216 DUZENTOS E CHEZESSEIS

FAZENDO E ACONTECENDO

TÚNEL DO TEMPO DOS BRINQUEDOS E DAS BRINCADEIRAS

DE QUE AS CRIANÇAS DE ANTIGAMENTE BRINCAVAM? SERÁ QUE OS BRINQUEDOS DELAS ERAM OS MESMOS QUE VOCÊ E SEUS COLEGAS CONHECEM HOJE?

VEJA ALGUNS A SEGUIR.

TRENZINHO DE MADEIRA
photosync/Shutterstock.com/ID/BR

VIDEOGAME
Berci/Shutterstock.com/ID/BR

BILBOQUÊ
Madeleine Openshaw/Shutterstock.com/ID/BR

BOLINHAS DE GUDE
Rudi Sofyan/Shutterstock.com/ID/BR

PETECA
Dado Photos/Shutterstock.com/ID/BR

MOLA MALUCA
iceink/Shutterstock.com/ID/BR

O QUE VOCÊ ACHA DE CONHECER MAIS SOBRE ESSES BRINQUEDOS E BRINCADEIRAS E COMPARTILHAR AS INFORMAÇÕES COM A COMUNIDADE ESCOLAR E SEUS FAMILIARES?

VAMOS SABER COMO FAZER? VEJA AS SEGUINTES ETAPAS QUE DEVERÃO SER DESENVOLVIDAS.

DUZENTOS E DEZESSETE **217**

1 CONVERSAR SOBRE OS BRINQUEDOS FAVORITOS DA TURMA

- O PROFESSOR VAI MARCAR UM DIA PARA CADA ALUNO TRAZER SEU BRINQUEDO FAVORITO.
- OBSERVEM TODOS OS BRINQUEDOS E CONVERSEM SOBRE ELES.
- VERIFIQUEM SE HÁ ALGUM BRINQUEDO DESCONHECIDO. SE HOUVER, TENTEM CONHECÊ-LO E APRENDAM A BRINCAR COM ELE.

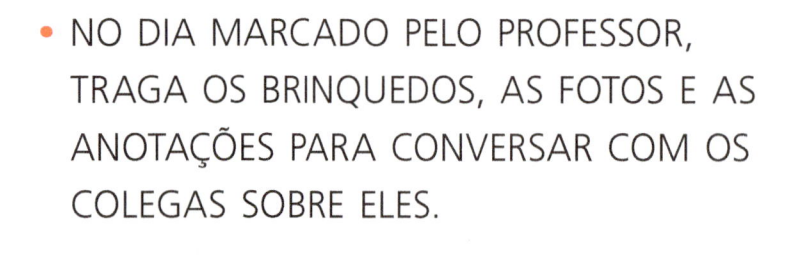

2 COLETAR INFORMAÇÕES SOBRE BRINQUEDOS E BRINCADEIRAS DE ANTIGAMENTE

- PERGUNTE ÀS PESSOAS MAIS VELHAS DE SUA FAMÍLIA E CONHECIDAS QUAIS BRINQUEDOS E BRINCADEIRAS EXISTIAM QUANDO ELAS ERAM CRIANÇAS.
- CASO ELAS AINDA TENHAM UM DESSES BRINQUEDOS, PEÇA-O EMPRESTADO.
- SE A PESSOA POSSUIR ALGUMA FOTO DA BRINCADEIRA, SOLICITE-A TAMBÉM.
- NO CASO DAS BRINCADEIRAS, PEÇA À PESSOA QUE VOCÊ ENTREVISTOU QUE LHE EXPLIQUE COMO ERA ESSA BRINCADEIRA. COM A AJUDA DELA, ESCREVA O NOME DA BRINCADEIRA E COMO SE BRINCAVA.
- NO DIA MARCADO PELO PROFESSOR, TRAGA OS BRINQUEDOS, AS FOTOS E AS ANOTAÇÕES PARA CONVERSAR COM OS COLEGAS SOBRE ELES.

- PESQUISEM MAIS INFORMAÇÕES SOBRE ESSES BRINQUEDOS E ESSAS BRINCADEIRAS.

3 ESCREVER TEXTOS SOBRE AS BRINCADEIRAS E OS BRINQUEDOS PESQUISADOS

- EM DUPLAS, ESCREVAM SOBRE CADA BRINCADEIRA E BRINQUEDO PESQUISADOS. PARA ISSO, SIGAM ESTE ROTEIRO.

> - NOME DO BRINQUEDO OU DA BRINCADEIRA.
> - COMO SE BRINCA.
> - CURIOSIDADES, COMO: O ANO EM QUE A PESSOA GANHOU O BRINQUEDO, DE QUEM GANHOU OU COM QUEM BRINCAVA.

- AO FINAL, REVISEM OS TEXTOS COM O PROFESSOR.

4 ORGANIZAR O "TÚNEL DO TEMPO DOS BRINQUEDOS E DAS BRINCADEIRAS"

- EM DUPLAS, PRODUZAM CARTAZES COM AS FOTOS COLETADAS E COM OS TEXTOS REDIGIDOS.
- ORGANIZEM OS BRINQUEDOS EM SEQUÊNCIA: DO MAIS ANTIGO AO MAIS NOVO.
- MONTEM O "TÚNEL DO TEMPO" NO LOCAL ESCOLHIDO E DISPONHAM OS BRINQUEDOS NA SEQUÊNCIA DEFINIDA.

5 PRODUZIR CONVITE

- ELABOREM COLETIVAMENTE UM CONVITE PARA DISTRIBUIR À COMUNIDADE ESCOLAR E AOS FAMILIARES, CONVIDANDO-OS PARA VISITAR O "TÚNEL DO TEMPO".

- LEMBREM-SE DE COLOCAR INFORMAÇÕES, COMO:

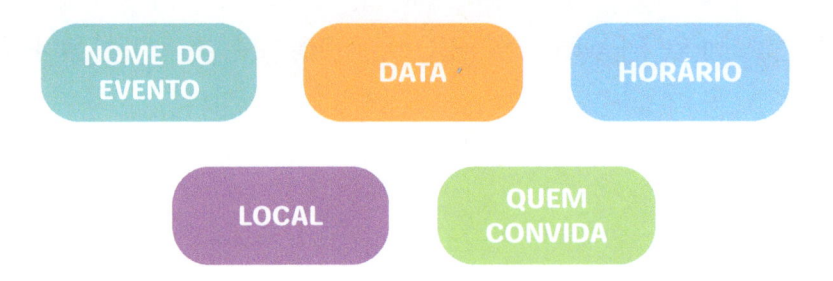

  - NOME DO EVENTO
  - DATA
  - HORÁRIO
  - LOCAL
  - QUEM CONVIDA

- O PROFESSOR VAI PROVIDENCIAR CÓPIAS DO CONVITE PARA SEREM DISTRIBUÍDAS.

> **DICA**
> É POSSÍVEL PRODUZIR O CONVITE NO COMPUTADOR PARA DEPOIS IMPRIMIR AS CÓPIAS. VOCÊS TAMBÉM PODEM ENVIÁ-LO POR *E-MAIL* OU MENSAGEM INSTANTÂNEA.

NO DIA COMBINADO PARA A VISITAÇÃO AO "TÚNEL DO TEMPO", CADA UM DE VOCÊS PODE FICAR AO LADO DO BRINQUEDO OU DA BRINCADEIRA QUE PESQUISOU PARA EXPLICAR ÀS PESSOAS TODAS AS SUAS DESCOBERTAS.

AVALIEM

	SIM	NÃO
AS PESSOAS ENTREVISTADAS DERAM AS INFORMAÇÕES QUE ESPERÁVAMOS?		
MONTAMOS O "TÚNEL DO TEMPO" CONFORME SOLICITADO?		
PRODUZIMOS E ENTREGAMOS OS CONVITES?		

BIBLIOGRAFIA

ANTUNES, Irandé. *O território das palavras*: estudo do léxico em sala de aula. São Paulo: Parábola Editorial, 2012.

_____. *Muito além da gramática*: por um ensino de línguas sem pedras no caminho. São Paulo: Parábola Editorial, 2007.

_____. *Aula de português*: encontro e integração. São Paulo: Parábola Editorial, 2003.

BAGNO, Marcos. *Nada na língua é por acaso*: por uma pedagogia da variação linguística. São Paulo: Parábola Editorial, 2007.

_____. *Linguística da norma*. São Paulo: Loyola, 2002.

BAKHTIN, Mikhail. *Estética da criação verbal*. 5. ed. São Paulo: Martins Fontes, 2010.

BARBATO, Silviane. *Integração de crianças de 6 anos ao ensino fundamental*. São Paulo: Parábola Editorial, 2008.

BORTONI-RICARDO, Stella Maris. *Educação em língua materna*: a sociolinguística em sala de aula. São Paulo: Parábola Editorial, 2004.

BRANDÃO, Ana Carolina P.; ROSA, Ester (Org.). *Leitura e produção de textos na alfabetização*. Belo Horizonte: Autêntica, 2005.

BRASIL. Câmara dos Deputados. *Estatuto da criança e do adolescente*. 7. ed. Brasília: Edições Câmara, 2010.

_____. Ministério da Educação. Fundo Nacional de Desenvolvimento da Educação. *Ensino fundamental de nove anos*: orientações para a inclusão de crianças de seis anos de idade. Brasília: MEC/FNDE, 2006.

_____. Ministério da Educação. *Base Nacional Comum Curricular*. Versão final. Brasília: MEC, 2018. Disponível em: <http://basenacionalcomum.mec.gov.br/>. Acesso em: 29 ago. 2019.

_____. Ministério da Educação. Secretaria de Educação Básica. *Com direito à palavra*: dicionários em sala de aula. Elaboração de Egon Rangel. Brasília: MEC/SEB, 2012.

_____. Ministério da Educação. Secretaria de Educação Básica. Conselho Nacional de Educação. *Diretrizes Curriculares Nacionais para o Ensino Fundamental de 9 (nove) anos*. Brasília: MEC/SEB, Resolução n. 7, 2010.

_____. Ministério da Educação. Secretaria de Educação Básica. Diretoria de Apoio à Gestão Educacional. *Pacto nacional pela alfabetização na idade certa*. Brasília: MEC/SEB, 2012.

_____. Ministério da Educação. Secretaria de Educação Continuada, Alfabetização, Diversidade e Inclusão. Conselho Nacional da Educação. Diretoria de Currículos e Educação Integral. *Diretrizes Curriculares Nacionais Gerais da Educação Básica*. Brasília: MEC/SEB/DICEI, 2013.

_____. Ministério da Educação. Secretaria de Educação Fundamental. *Parâmetros Curriculares Nacionais*: introdução aos Parâmetros Curriculares Nacionais. Brasília: MEC/SEF, 1997.

_____. *Parâmetros Curriculares Nacionais*: Língua Portuguesa. Brasília: MEC/SEF, 1997.

_____. Ministério da Educação e do Desporto. Secretaria de Educação Fundamental. *Programa de Formação de Professores Alfabetizadores (Profa)*. Brasília: MEC/SEF, 2001.

BRONCKART, Jean-Paul. *Atividade de linguagem, textos e discursos*: por um interacionismo sócio-discursivo. 2. ed. São Paulo: Educ, 2008.

CAGLIARI, Luiz Carlos. *Alfabetização & linguística*. 11. ed. São Paulo: Scipione, 2010.

CASTILHO, Ataliba Teixeira. *Nova Gramática do português brasileiro*. São Paulo: Contexto, 2010.

CHARTIER, Anne-Marie. *Práticas de leitura e escrita*: história e atualidade. Belo Horizonte: Autêntica. 2007.

_____; CLESSE, Christiane; HÉBRARD, Jean. *Ler e escrever*: entrando no mundo da escrita. Porto Alegre: Artmed, 1996.

COELHO, Nelly Novaes. *Dicionário crítico da literatura infantil e juvenil brasileira*. 5. ed. São Paulo: Companhia Editora Nacional, 2006.

COLOMER, Teresa. *Ensinar a ler, ensinar a compreender*. Porto Alegre: Artmed, 2002.

_____. *A formação do leitor literário*: narrativa infantil e juvenil atual. São Paulo: Global, 2003.

COSTA, Sérgio Roberto. *Dicionário de gêneros textuais*. Belo Horizonte: Autêntica, 2008.

DIONÍSIO, Ângela P.; MACHADO, Anna Raquel; BEZERRA, Maria Auxiliadora. *Gêneros textuais e ensino*. 2. ed. São Paulo: Parábola Editorial, 2010.

DOLZ, Joaquim; SCHNEUWLY, Bernand. *Gêneros orais e escritos na escola*. Campinas: Mercado de Letras, 2004.

FARACO, Carlos Alberto. *Linguagem escrita e alfabetização*. São Paulo: Contexto, 2012.

FERREIRO, Emilia. *Com todas as letras*. 16. ed. São Paulo: Cortez, 2010.

_____. *Reflexões sobre alfabetização*. 25. ed. São Paulo: Cortez, 2010.

_____; TEBEROSKY, Ana. *Psicogênese da língua escrita*. Porto Alegre: Artmed, 1999.

_____; PALÁCIO, Margarita Gomez. *Os processos de leitura e escrita*: novas perspectivas. 2. ed. Porto Alegre: Artmed, 1990.

FRADE, Isabel Cristina Alves da Silva. Formas de organização do trabalho de Alfabetização e Letramento. In: BRASIL. Ministério da Educação. Secretaria de Educação Básica. *Alfabetização e Letramento na infância*. Boletim n. 9. Brasília: MEC/SEB, 2005.

FRANCHI, Eglê. *Pedagogia da Alfabetização*: da oralidade à escrita. São Paulo: Cortez, 2001.

_____; FIORIN, José Luiz (Org.). *Linguagem*: atividade constitutiva: teoria e poesia. São Paulo: Parábola Editorial, 2011.

GERALDI, João Wanderley. *O texto na sala de aula*. 4. ed. São Paulo: Ática, 2006.

GOMES, Maria de Fátima Cardoso; MONTEIRO, Sara Mourão. *A aprendizagem e o ensino da linguagem escrita*: caderno do professor. Belo Horizonte: UFMG/FaE/Ceale, 2005.

ILARI, Rodolfo. *Introdução à semântica*: brincando com a gramática. São Paulo: Contexto, 2001.

JOLIBERT, Josette (Coord.). *Formando crianças leitoras*. Porto Alegre: Artmed, 1994.

KATO, Mary (Org.). *A concepção da escrita pela criança*. Campinas: Pontes, 2002.

KLEIMAN, Angela. *Texto e Leitor*: aspectos cognitivos da leitura. Campinas: Pontes Editores, 2013.

_____. *Oficina de leitura*: teoria e prática. 6. ed. Campinas: Pontes, 1998.

_____; MORAES, Sílvia. *Leitura e interdisciplinaridade*: tecendo redes nos projetos da escola. Campinas: Mercado de Letras, 2009.

KOCH, Ingedore G. Villaça. *O texto e a construção dos sentidos*. 9. ed. São Paulo: Contexto, 2007.

KOCH, Ingedore Villaça; ELIAS, Vanda Maria. *Ler e compreender*: os sentidos do texto. São Paulo: Contexto, 2006.

LEAL, Telma Ferraz; BRANDÃO, Ana Carolina Perrusi (Org.). *Produção de textos na escola*: reflexões e práticas no ensino fundamental. Belo Horizonte: Autêntica, 2006.

_____; ROAZZI, Antonio. A criança pensa... e aprende ortografia. In: MORAIS, Artur Gomes de (Org.). *O aprendizado da ortografia*. Belo Horizonte: Autêntica, 2005.

LERNER, Delia. A autonomia do leitor: uma análise didática. *Revista de Educação*, Porto Alegre, Editora Projeto, n. 6, 2002.

_____. *Ler e escrever na escola*: o real, o possível e o necessário. Porto Alegre: Artmed, 2002.

MARCUSCHI, Luiz Antônio. *Produção textual, análise de gêneros e compreensão*. São Paulo: Parábola Editorial, 2008.

_____. *Da fala para a escrita*: atividades de retextualização. São Paulo: Cortez, 2001.

MATENCIO, Maria de Lourdes Meirelles. *Leitura, produção de textos e a escola*. Campinas: Mercado de Letras, 2010.

MIGNOT, Ana Chrystina Venancio (Org.). *Cadernos à vista*. Escola, Memória e cultura escrita. Rio de Janeiro: Eduerj, 2008.

MONTEIRO, Sara M.; MACIEL, Francisca I.; BAPTISTA, Mônica C. (Org.). *A criança de 6 anos, a linguagem escrita e o ensino fundamental de nove anos*: orientações para o trabalho com a linguagem escrita em turmas de crianças de 6 anos de idade. Belo Horizonte: UFMG/FaE/Ceale, 2009.

MORAIS, Artur Gomes de. *Sistema de escrita alfabética*. São Paulo: Melhoramentos, 2012.

_____. *Ortografia*: ensinar e aprender. 5. ed. São Paulo: Ática, 2010.

_____; ALBUQUERQUE, Eliana Borges Correia de; LEAL, Telma Ferraz. *Alfabetização*: apropriação do sistema de escrita alfabética. Belo Horizonte: Autêntica, 2005.

MORTATTI, Maria do Rosário Longo (Org.). *Alfabetização no Brasil*: uma história de sua história. São Paulo: Cultura Acadêmica; Marília: Oficina Universitária, 2011.

MOURA, Heronides Maurílio de Melo. *Significação e contexto*: uma introdução a questões de semântica e pragmática. 3. ed. Florianópolis: Insular, 2006.

NASPOLINI, Ana Tereza. *Tijolo por tijolo*: prática de ensino de Língua Portuguesa. São Paulo: FTD, 2010.

NEVES, Maria Helena de Moura. *A gramática* – história, teoria, análise e ensino. São Paulo: Editora Unesp, 2002.

PAVIANI, Jayme. *Interdisciplinaridade*: conceitos e distinções. 2. ed. Caxias do Sul: Educs, 2008.

Piaget, Jean. *A formação do símbolo na criança*: a imitação, jogo e sonho. Imagem e representação. 4. ed. São Paulo: LTC, 2010.

Possenti, Sírio. *Por que (não) ensinar gramática na escola*. Campinas: Mercado de Letras/ALB, 1996.

Prieto, Heloisa. *Quer ouvir uma história?*: lendas e mitos no mundo da criança. São Paulo: Angra, 1999.

Rocha, Gladys; Costa Val, Maria Graça (Org.). *Reflexões sobre práticas escolares de produção de texto*. Belo Horizonte: Autêntica/Ceale, 2003.

Rojo, Roxane. Letramento e capacidades de leitura para a cidadania. In: Freitas, Maria Tereza de Assunção; Costa, Sergio Roberto (Org.). *Leitura e escrita na formação de professores*. Juiz de Fora: EDUFJF/Comped/Musa, 2002.

_____ (Org.). *A prática de linguagem em sala de aula*: praticando os PCN. Campinas: Mercado de Letras, 2000.

_____ (Org.). *Alfabetização e letramento*. Campinas: Mercado de Letras, 1998.

_____; Moura, Eduardo (Org.). *Multiletramentos na escola*. São Paulo: Parábola Editorial, 2012.

Romero, Sílvio. *Contos populares do Brasil*. São Paulo: Martins Fontes, 2007.

Salles, Jerusa Fumagalli de; Parente, Maria Alice de Mattos Pimenta. Processos cognitivos na leitura de palavras em crianças: relações com compreensão e tempo de leitura. *Psicologia*: Reflexão e Crítica, Porto Alegre, v. 15, n. 2, 2002.

Saraiva, Juracy Asmann. *Literatura e alfabetização*: do plano do choro ao plano da ação. Porto Alegre: Artmed, 2001.

_____; Mügge, Ernani. *Literatura na escola*: propostas para o ensino fundamental. Porto Alegre: Artmed, 2006.

Signorini, Inês (Org.). *Gêneros catalizadores*: letramento & formação do professor. São Paulo: Parábola Editorial, 2006.

Soares, Magda. *Alfabetização e letramento*. São Paulo: Contexto, 2003.

_____. *Linguagem e escola*: uma perspectiva social. 17. ed. São Paulo: Ática, 2000.

Solé, Isabel. *Estratégias de leitura*. 6. ed. Porto Alegre: Artmed, 1998.

Teberosky, Ana. *Aprendendo a escrever*. São Paulo: Ática, 1995.

_____; Gallart, Marta (Org.). *Contextos de alfabetização inicial*. Porto Alegre: Artmed, 2004.

Tfouni, Leda Verdiani. *Letramento e Alfabetização*. 9. ed. São Paulo: Cortez, 2010.

Travaglia, Luiz Carlos. *Gramática*: ensino plural. 5. ed. São Paulo: Cortez, 2011.

Vygotsky, Lev S. *Imaginação e criação na infância*. São Paulo: Ática, 2009.

_____. *Pensamento e linguagem*. 6. ed. São Paulo: Martins Fontes, 2008.

_____. *A formação social da mente*. 7. ed. São Paulo: Martins Fontes, 2007.

Weisz, Telma; Sanchez, Ana. *O diálogo entre o ensino e a aprendizagem*. São Paulo: Ática, 2003.

REFERENTE À SEÇÃO PRODUÇÃO ESCRITA PÁGINA 41

DOBRE

NOME:

ESCOLA:

DOBRE

DOBRE

COLE

COLE

DOBRE

DUZENTOS E VINTE E CINCO **225**

REFERENTE À SEÇÃO **PRODUÇÃO ESCRITA PÁGINA 41**
LETRAS MÓVEIS

DUZENTOS E VINTE E SETE **227**

DUZENTOS E VINTE E NOVE **229**

G G G H H
H H J J K
K L L L L
M M M M M
M M N N N
N P P P P
P Q Q Q R

DUZENTOS E TRINTA E UM **231**

DUZENTOS E TRINTA E TRÊS 233

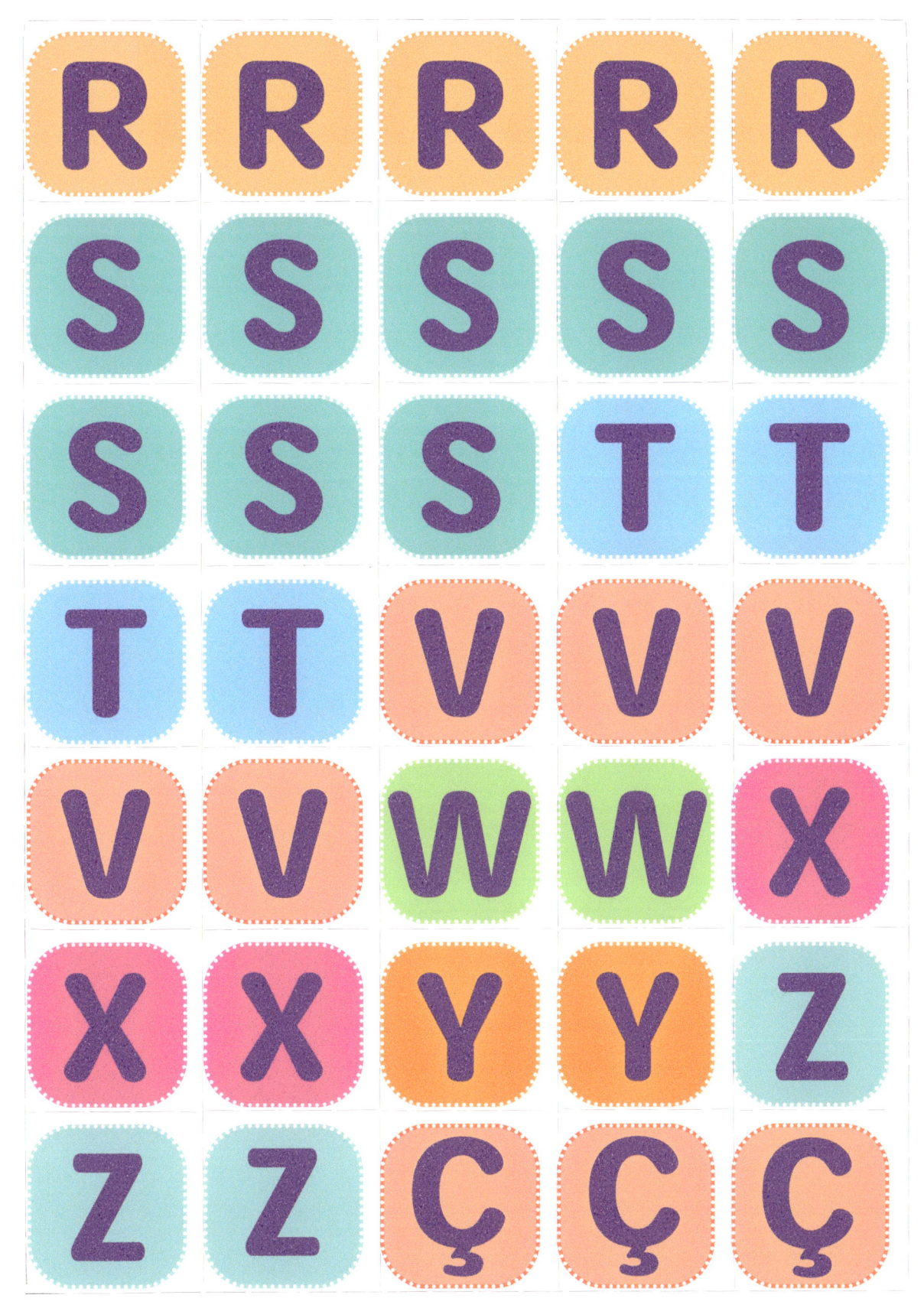

REFERENTE À SEÇÃO DIVIRTA-SE E APRENDA PÁGINA 166

DOMINÓ DOS ANIMAIS

GALO (raposa)	RAPOSA (tucano)
TUCANO (cobra)	COBRA (tartaruga)
TARTARUGA (baleia)	BALEIA (coruja)
CORUJA (formiga)	FORMIGA (tatu)
TATU (girafa)	GIRAFA (macaco)

DUZENTOS E TRINTA E CINCO **235**

MACACO (cow image)	**VACA** (dog image)
CACHORRO (fish image)	**PEIXE** (cat image)
GATO (frog image)	**SAPO** (lion image)
LEÃO (zebra image)	**ZEBRA** (rabbit image)
COELHO (duck image)	**PATO** (jaguar image)

DUZENTOS E TRINTA E SETE 237

ONÇA	BORBOLETA
URSO	JACARÉ
RATO	GOLFINHO
LAGARTIXA	ARARA
URUBU	TUBARÃO

DUZENTOS E TRINTA E NOVE 239

CARACOL	(kangaroo)	**CANGURU**	(anteater)
TAMANDUÁ	(crab)	**CARANGUEJO**	(pig)
PORCO	(lizard)	**LAGARTO**	(elephant)
ELEFANTE	(horse)	**CAVALO**	(bee)
ABELHA	(rooster)	**GALO**	(rooster)

DUZENTOS E QUARENTA E UM **241**

REFERENTE À SEÇÃO **DIVIRTA-SE E APRENDA** PÁGINA 199
OS TRÊS PORQUINHOS

Ilustrações: Rivaldo Barboza

DUZENTOS E QUARENTA E TRÊS **243**

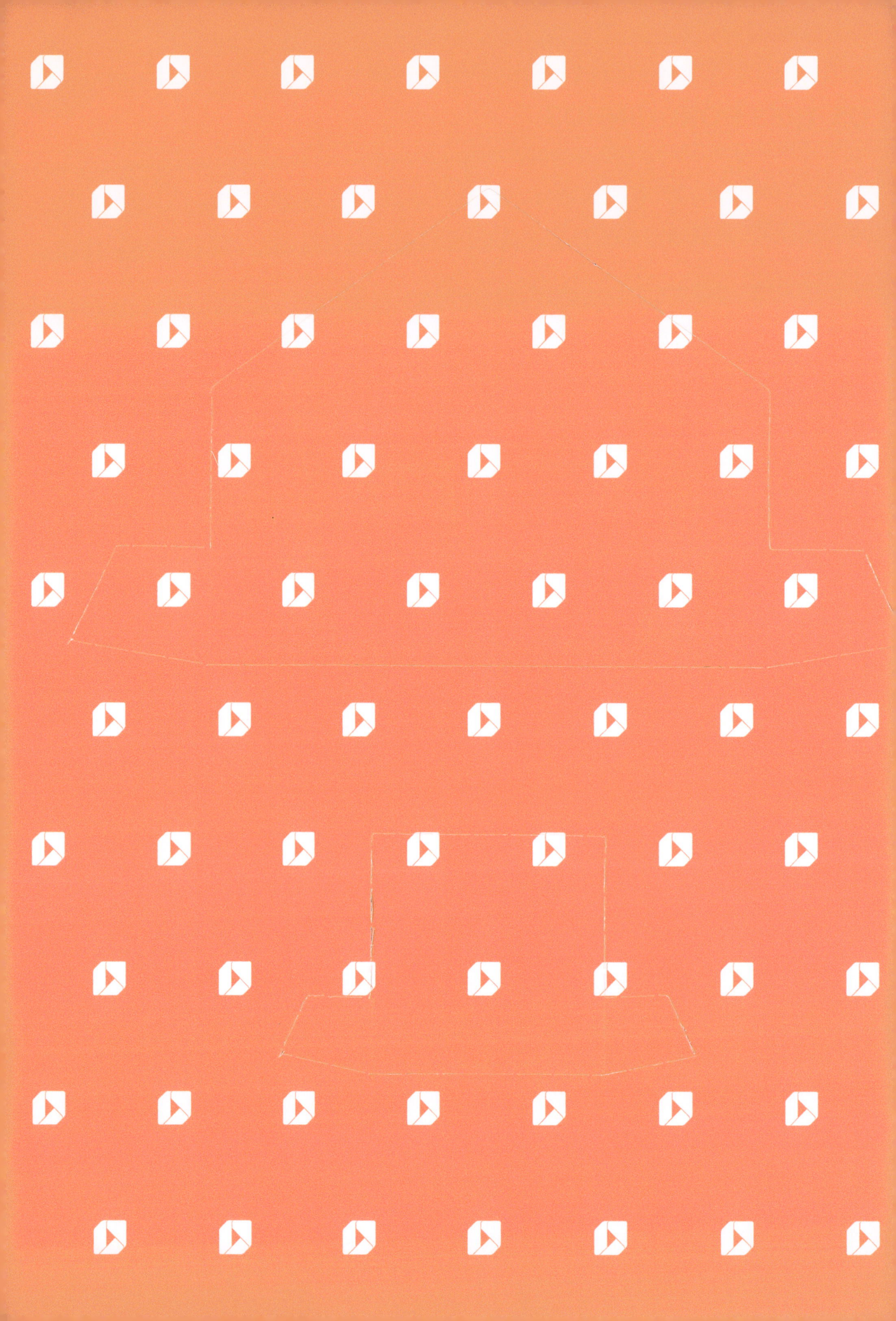

Ilustrações: Rivaldo Barboza

DUZENTOS E QUARENTA E CINCO 245

DUZENTOS E QUARENTA E SETE **247**

REFERENTE À SEÇÃO **DIVIRTA-SE E APRENDA** PÁGINAS 34 E 35

DUZENTOS E QUARENTA E NOVE **249**